Die größten

Naturwunder

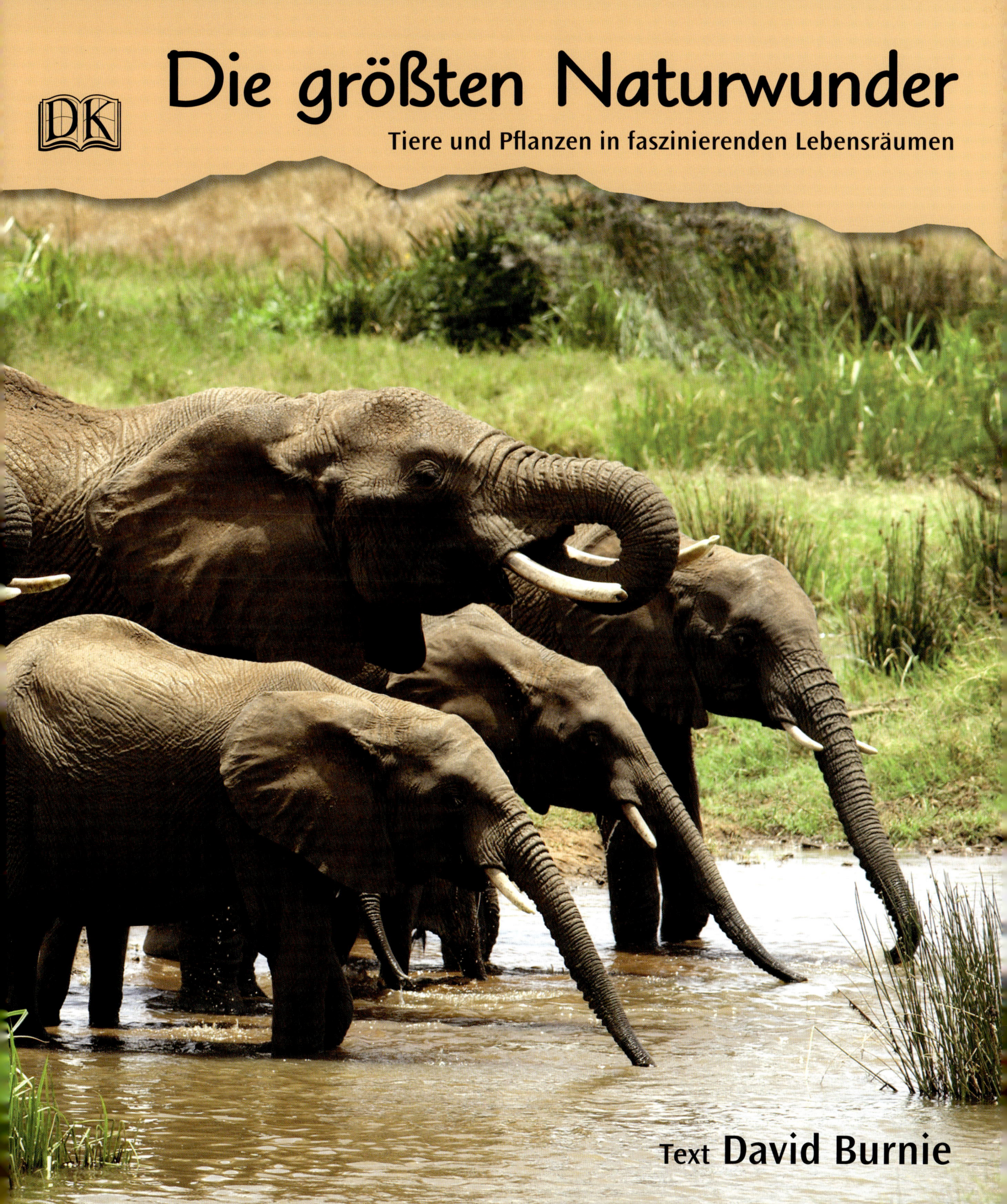

Die größten Naturwunder

Tiere und Pflanzen in faszinierenden Lebensräumen

Text **David Burnie**

DK

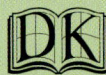

DORLING KINDERSLEY
London, New York, Melbourne, München und Delhi

Lektorat Andrea Mills
Gestaltung Marilou Prokopiou
Bildredaktion Smiljka Surla
Cheflektorat Linda Esposito
Chefbildlektorat Diane Thistlethwaite
Projektleitung Andrew Mcintyre
Programmleitung Laura Buller
Leitung Gestaltung Sophia M Tampakopoulos
Bildrecherche Fran Vargo
Herstellung Erica Rosen
DTP-Design Siu Chan, Andy Hilliard
Umschlaggestaltung Smiljka Surla

Fachliche Beratung Kim Dennis-Bryan
Illustrationen László Veres

Für die deutsche Ausgabe:
Projektbetreuung Martina Glöde
Herstellung Mareike Hutsky
Programmleitung Monika Schlitzer
Herstellungsleitung Dorothee Whittaker

Bibliografische Information Der Deutschen Bibliothek
Die Deutsche Bibliothek verzeichnet diese Publikation
in der Deutschen Nationalbibliografie;
detaillierte bibliografische Daten sind im Internet über
http://dnb.ddb.de abrufbar.

Titel der englischen Originalausgabe:
Wonders of the natural world

Übersetzung Gerd Hintermaier-Erhard
Redaktion Linda Sturm
Satz Beate Fellner

ISBN 978-3-8310-1146-9

Colour reproduction by GRB Editrice, UK
Printed and bound in China by Hung Hing

Besuchen Sie uns im Internet
www.dk.com

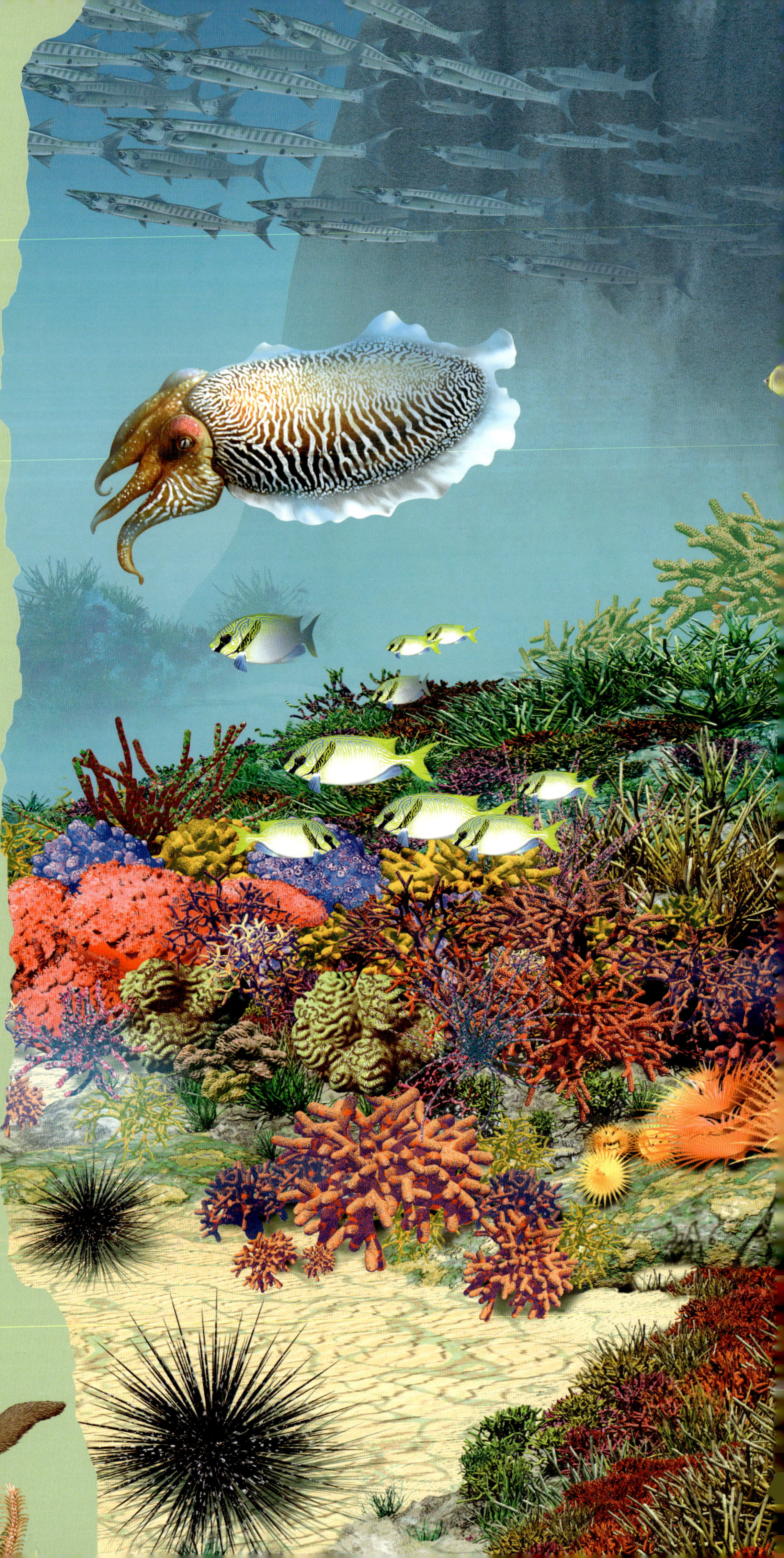

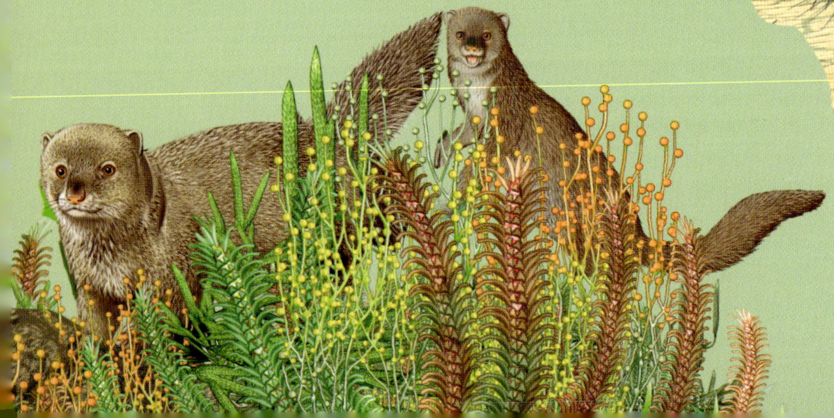

Inhalt

Wunder der Erde

Willkommen zu einer Reise an die aufregendsten Orte dieser Erde. Ob höchste Berggipfel oder endlose Sanddünen, gerade ausbrechende Vulkane oder friedliche Korallenriffe, tiefe Schluchten oder tropische Regenwälder – diese Reise führt auf alle Kontinente und macht halt in den schönsten Landschaften und bei den faszinierendsten wilden Tieren.

Grand Canyon
Der vom Colorado-Fluss ausgefräste Grand Canyon (Große Schlucht) besteht aus bis zu 2 Milliarden Jahre altem Gestein. Senkrechte Steilwände und turmhohe Felsnadeln bilden die Kulisse für überwältigende Sonnenuntergänge.

NORD-AMERIKA

Grand Canyon

ATLANTISCHER OZEAN

Norwegische Fjorde

Mauna Loa

PAZIFISCHER OZEAN

Mauna Loa
Der größte Vulkan der Erde, der Mauna Loa, erhob sich vor fast 500 000 Jahren aus dem Pazifik. Mit der Lava und Asche seiner gewaltigen Abhhänge könnte man Süddeutschland 500 m dick überdecken.

Amazonas-Regenwald

Norwegische Fjorde
Schon vor tausenden von Jahren schürften Gletscher tiefe Täler aus Norwegens Westküste aus. Heute ist das Eis verschwunden und die Täler sind als Fjorde Teil des Meeres geworden. Wegen ihrer spektakulären Steilwände gehören sie zu den beliebtesten europäischen Urlaubszielen.

SÜD-AMERIKA

Antarktis
Der kälteste Kontinent der Erde ist von einem flach gewölbten Eisschild bedeckt. Aber trotz des lebensfeindlichen Klimas gibt es in den umliegenden Meeren zahlreiche Tierarten wie Pinguine und Wale.

Antarktis

Amazonas-Regenwald
In diesem tropischen Regenwald leben so viele Pflanzen- und Tierarten wie sonst nirgends auf der Erde. Rücksichtslose Rodung lässt die riesige Waldfläche aber immer schneller schrumpfen.

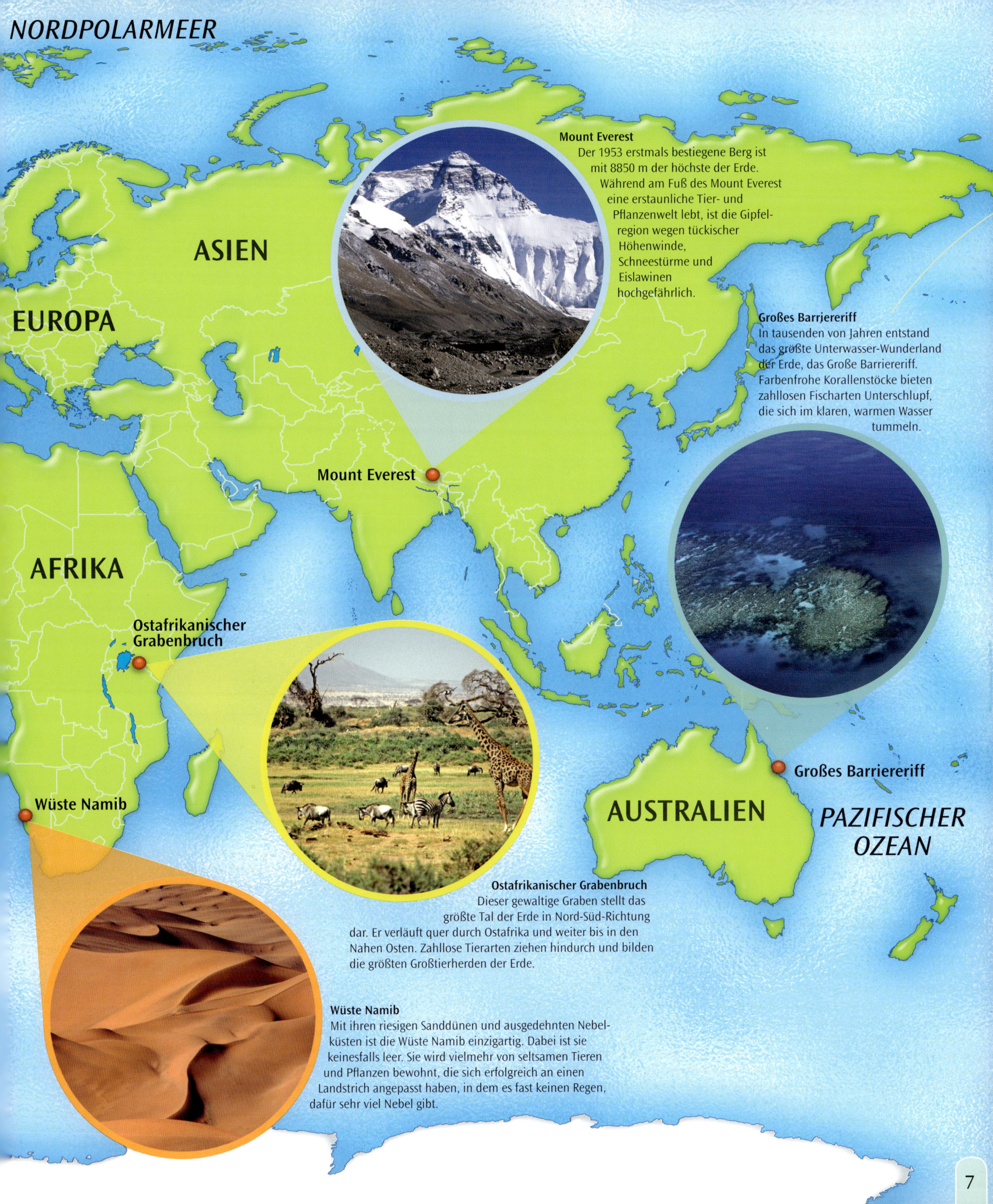

NORDPOLARMEER

ASIEN

EUROPA

AFRIKA

Mount Everest
Der 1953 erstmals bestiegene Berg ist mit 8850 m der höchste der Erde. Während am Fuß des Mount Everest eine erstaunliche Tier- und Pflanzenwelt lebt, ist die Gipfelregion wegen tückischer Höhenwinde, Schneestürme und Eislawinen hochgefährlich.

Großes Barrriereriff
In tausenden von Jahren entstand das größte Unterwasser-Wunderland der Erde, das Große Barriereriff. Farbenfrohe Korallenstöcke bieten zahllosen Fischarten Unterschlupf, die sich im klaren, warmen Wasser tummeln.

Mount Everest

Ostafrikanischer Grabenbruch

Wüste Namib

AUSTRALIEN

Großes Barrriereriff

PAZIFISCHER OZEAN

Ostafrikanischer Grabenbruch
Dieser gewaltige Graben stellt das größte Tal der Erde in Nord-Süd-Richtung dar. Er verläuft quer durch Ostafrika und weiter bis in den Nahen Osten. Zahllose Tierarten ziehen hindurch und bilden die größten Großtierherden der Erde.

Wüste Namib
Mit ihren riesigen Sanddünen und ausgedehnten Nebelküsten ist die Wüste Namib einzigartig. Dabei ist sie keinesfalls leer. Sie wird vielmehr von seltsamen Tieren und Pflanzen bewohnt, die sich erfolgreich an einen Landstrich angepasst haben, in dem es fast keinen Regen, dafür sehr viel Nebel gibt.

In seinem riesigen Schlund könnte man die höchsten Gebäude der Welt mühelos verschwinden lassen. Kein Wunder also, dass der Grand Canyon zu einem der atemberaubendsten Orte der Erde zählt. Er ist 1700 m tief und mehr als 450 km lang, seine ältesten Gesteinsschichten sind etwa 2 Milliarden Jahre alt. Die gewaltige Schlucht ist das Werk des Colorado-Flusses, der sich im Lauf der Zeit in das Gebirgsplateau eingeschnitten hat.

Grand Canyon

Hoch und trocken

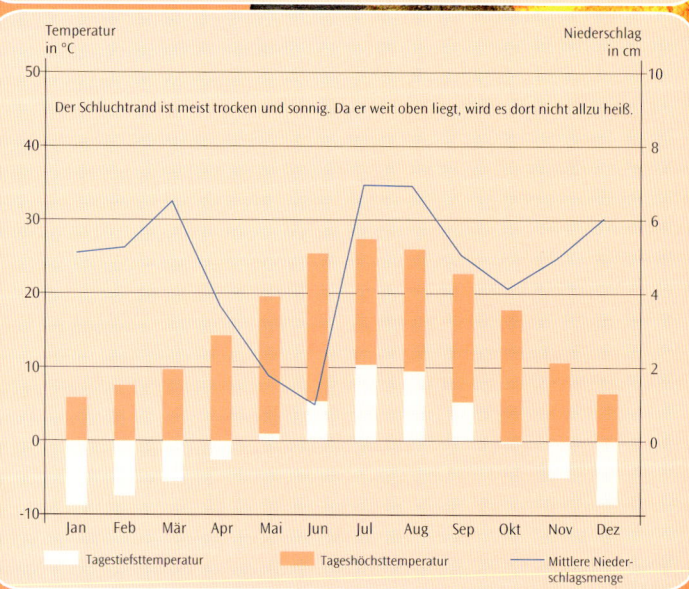

Temperatur in °C / Niederschlag in cm

Der Schluchtrand ist meist trocken und sonnig. Da er weit oben liegt, wird es dort nicht allzu heiß.

| | Tagestiefsttemperatur | Tageshöchsttemperatur | Mittlere Niederschlagsmenge |

Klima nach Wahl
Wegen seiner enormen Tiefe herrscht im Canyon ein großes Temperaturgefälle von unten nach oben. Im Winter ist der obere Rand häufig mit Schnee bedeckt, während es an der Talsohle frühlingshaft warm ist.

Satellitenaufnahme
Der Grand Canyon durchschneidet das Colorado-Plateau, eine gewaltige Hochebene westlich der Rocky Mountains. Sie ist fast das ganze Jahr über trocken und staubig, weshalb hier nur äußerst zähe Büsche und Bäume wachsen.

Alte Gesteine
Die Schluchtwände bestehen aus Sedimentgesteinen, die nach unten hin immer älter werden. Der vom Colorado-Fluss mitgeschleppte Schutt sorgte dafür, dass sich der Fluss immer tiefer in das Colorado-Plateau eingraben konnte.

Hohe Wasserfälle
Einige der kleineren Nebenflüsse des Colorado-Flusses stürzen über Wasserfälle zu Tal. Der schönste von ihnen ist der 30 m hohe Havasu-Fall mit seinem kristallklaren Gebirgswasser, das in das Dunkel des Flusses eintaucht.

Colorado-Fluss
Von der Quelle in den Rocky Mountains bis zur Mündung in den Ostpazifik legt der Colorado-Fluss 2300 km zurück. Früher war er ein reiner Wildwasserfluss, doch nach und nach wurde er durch hohe Staudämme gezähmt.

Überwältigende Sonnenuntergänge
Die lohnendste Tageszeit für einen Besuch des Canyons ist der Abend, wenn die sinkende Sonne die Felswände zum Glühen bringt. Dabei leuchten die einzelnen Gesteinsschichten in Gold, Kupfer oder Orange. Dann glimmen nur noch die Spitzen der Felsnadeln, bevor die Schlucht endgültig in Dunkelheit versinkt.

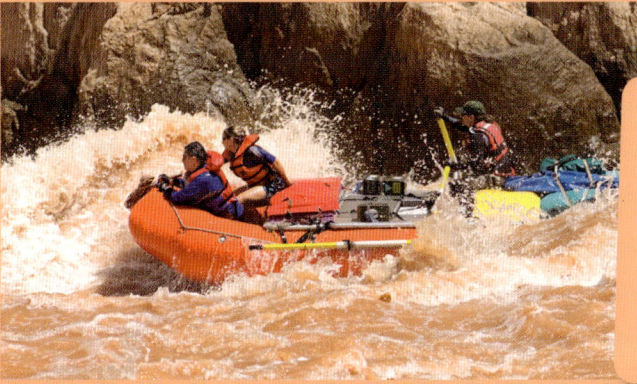

Wilde Flussfahrt
Jedes Jahr besuchen Millionen Touristen den Grand Canyon. Die mutigsten von ihnen buchen eine Schlauchbootfahrt (Rafting) auf dem Colorado-Fluss. Bei diesem Abenteuer wird man nicht nur oft nass, man muss auch ständig auf ein Kentern des Bootes gefasst sein.

Der Nordrand

Am abgelegenen Nordrand hat der Grand Canyon gewaltige Steilwände, von deren Aussichtsplattformen man nach Süden, Osten und Westen blickt. Wegen seiner beachtlichen Höhe von 2400 m über dem Meeresspiegel weist der Nordrand die kühlsten Temperaturen und die reinste Luft auf. Die steilen Wände werden von verschiedensten Tieren und Pflanzen bevölkert.

◄ Kalifornischer Kondor
Der schwere Vogel gleitet am Tag bis zu 250 km weit. Er kann über 50 Jahre alt werden.

◄ Dickhornschaf
Diese wendigen Tiere klettern in den Steilwänden herum. An der Horngröße erkennt man die Anführer.

◄ Wildesel
Die aus Afrika stammenden Tiere begnügen sich mit den Hartgräsern in der Nähe des Flusses.

Rosenkranz-Pappel ►
Diese blühende Pappelart liebt feuchten, flachen Boden, auf dem sie rasch heranwächst.

Kojote ▼
Diese hundeartigen Tiere jagen einzeln kleine Säugetiere wie etwa Biber.

▼ Kanadischer Biber
Er ernährt sich von Wasserpflanzen und kann unter Wasser bis zu 15 Minuten die Luft anhalten.

◄ Weißschwanz-Präriehunde
Die Nagetiere bewachen ihre Höhlen und stoßen laute Schreie aus, wenn sich ein Raubvogel nähert.

◄ Feigenkaktus
Er wächst am besten auf heißem, felsigem Untergrund und blüht von April bis Juni.

Grauwasseramsel ►
Mit einem extra Paar Augenlider kann sie ihrer Kleinbeute unter Wasser nachspüren.

Blackbrush ►
Dieser niedrige immergrüne Strauch ist über den ganzen Canyon verstreut und blüht im Sommer.

Haariger Wüstenskorpion ►
Vor der Hochzeit nehmen sich beide Skorpione an die Zangen, als ob sie tanzten.

Veilchenschwalbe ▶
Dieser farbenfrohe Vogel, der meist in der Luft ist, baut sein Nest in Felsspalten am Wasser.

Puma ▶
Als Einzelgänger stellt dieser schnelle Jäger großen Tieren nach, z. B. Dickhornschafen.

Utah-Wacholder ▲
Die starke Verästelung und die zahlreichen Wurzeln garantieren eine optimale Wasserversorgung.

▼ Wanderfalke
Mit bis zu 320 km/h stößt der Wanderfalke aus großer Höhe auf sein Opfer herab, um es zu greifen.

Weißkopfseeadler ▶
Das Wappentier der USA bewegt sich mit etwa 65 km/h durch die Lüfte.

Utah-Agave ▶
Diese blühende und fruchttragende Agave wächst sehr schnell auf 4 m Höhe heran.

▼ Kanadareiher
Der größte amerikanische Reiher hat einen krächzenden Ruf und lauert meist am Wasser.

◀ Goldkugelkaktus
Die schöne Kugel mit zahllosen Stacheln und Blüten kann bis zu 3 m Durchmesser erreichen.

Klapperschlange ▼
Durch das Rasseln ihrer Schwanzhornschuppen warnt die Schlange vor ihrem giftigem Biss.

Langschwanz-Taschenmaus ▶
Ihre Wangentaschen dienen dazu, kurzzeitig Nahrung aufzubewahren. Richtige Vorräte versteckt sie in ihrer Höhle.

Felsenziesel ▶
Die Schluchthänge sind ein idealer Lebensraum für dieses scheue Nagetier.

◀ Gilaechse
Diese Echse erzeugt ein lähmendes Gift in ihrer Unterkieferdrüse, das beim Biss in das Opfer übergeht.

◀ Kurzhorn-Krötenechse
Dieses Reptil frisst Käfer, Grashüpfer, Ameisen und sogar kleine Schlangen.

Große Rundtour

Faszinierende Ausblicke sind nur eine Seite des Grand Canyons. Weit unterhalb der Schluchtränder versteckt sich ein wahres Tierparadies. Vögel und Schmetterlinge nutzen den Canyon als Privatautobahn, Kugelkakteen klammern sich an Felsvorsprünge. Das alles gibt es nur, weil sich der Colorado-Fluss kilometertief eingeschnitten hat – und immer noch weitermacht.

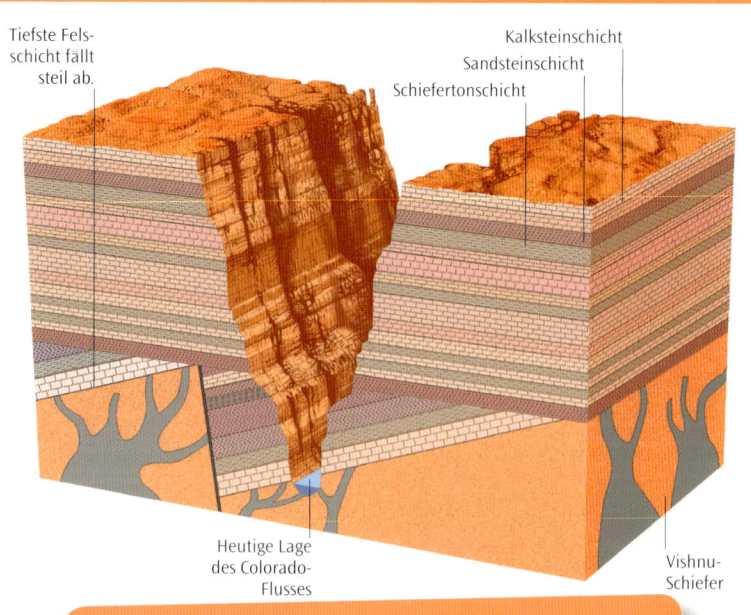

Tiefste Fels-
schicht fällt
steil ab.

Kalksteinschicht
Sandsteinschicht
Schiefertonschicht

Heutige Lage
des Colorado-
Flusses

Vishnu-
Schiefer

Wie der Grand Canyon entstanden ist
Vor etwa 5 Millionen Jahren begann sich das Colorado-Plateau großräumig zu heben. Da der Colorado-Fluss diese Bewegung nicht mitmachen konnte, begann er sich in die weichen Gesteine einzuschneiden – bis hinunter zu den harten Gesteinen des Vishnu-Schiefers. Dieser ist etwa 2 Milliarden Jahre alt.

Blüten öffnen sich zu Frühlingsbeginn.

Blütenboden verdickt sich zu stachliger Frucht.

Stammmitte ist voller Saft.

Kaktus saugt sich mit Wasser voll.

Reihen mit spitzen Stacheln

Wurzeln saugen Wasser auf.

Wandernde Schmetterlinge
Jedes Jahr im Frühling und Herbst ziehen Schwärme von Monarchfaltern durch den Grand Canyon. Sie fliegen weit nach Norden bis Kanada, um dort ihre Eier abzulegen. Den Winter verbringen sie in warmen Gebieten entlang der Küste Kaliforniens und in den Bergen Nordmexikos. Auf dem Höhepunkt der Wanderung sind Millionen Schmetterlinge in der Luft.

Im Kern des Kaktus
Kakteen sind Überlebenskünstler in glühender Hitze und Trockenheit, denn sie speichern Wasser in ihrem Stamm. Die Wurzeln saugen bei Regen Wasser auf und lagern es in ihr fleischiges grünes Gewebe ein. Die Stacheln halten durstige Tiere davon ab, sich an dem privatem Wasservorrat des Kaktus zu vergreifen. Viele Kakteen schmücken sich mit prächtigen Blüten, um Insekten und Vögel anzulocken.

Die Eichel wird fest ins Loch gedrückt.

Harter Schnabel zum Meißeln von Baumhöhlen.

Neue Eichel, kommt in den Speicher

Jedes Jahr der gleiche Baum

Starke Krallen zum Festhalten

Männchen wie Weibchen haben leuchtend rote Kappen.

Eichelspecht

Dieser emsige Vogel lebt in den Kiefernwäldern am Südrand des Canyons. Er hämmert Höhlen ins Baumholz, dann sammelt er Eicheln und legt Vorräte davon an. Ein einziger solcher Vorratsbaum kann 50 000 Eicheln enthalten – mehr als genug für einen sorgenfreien Winter. Sobald sich andere Eichelspechte nähern, werden sie vom „Besitzer" verjagt.

Kalifornischer Kondor — Spannweite 2,7 m

Steinadler — Spannweite 2,1 m

Truthahngeier — Spannweite 1,9 m

Die Rückkehr des Kondors

Der Kalifornische Kondor ist Nordamerikas größter Flugvogel. Gegen Ende des 20. Jahrhunderts drohte die Art auszusterben, als nur noch 22 Vögel lebten. Seither hat sich der Bestand durch künstliche Aufzucht und Auswilderung wieder auf über 130 freilebende Kondore erhöht. Etwa 170 weitere Tiere leben in Zoos oder Zuchtbetrieben.

Kriechendes Eis
Über 97 % der Antarktis ist von Eis bedeckt. Vom Zentrum des Kontinents, wo der Eisschild am dicksten ist, fließt das Eis in Form riesiger Gletscher in Richtung Südpolarmeer.

Kahles Ödland
Die antarktischen Trockentäler gehören zu den wenigen eisfreien Stellen des Kontinents, wo seit über einer Million Jahren kein Schnee gefallen ist. Das Klima ist so extrem, dass die NASA hier Geräte für den Mars getestet hat.

Schelfeis
Wenn Gletscher ins Meer fließen, entsteht oft Schelfeis. Das größte, das riesige Ross-Schelfeis, ist so groß wie Frankreich. An den Rändern bricht das Eis häufig auf und teilt sich. Die abgetrennten Teile driften als Eisberge ins Meer.

Antarktische Inselwelt
Im Südpolarmeer rund um die Antarktis gibt es viele Inseln. Trotz der ständigen Stürme stellen diese winzigen Flecken Land die Kinderstuben für Millionen von Seevögeln und Robben dar.

Der große Frost
Die weltweit tiefste Temperatur von -89 °C wurde 1983 auf der russischen Forschungsstation Vostok gemessen. Die Antarktis ist aber nicht nur der kälteste, sondern auch der trockenste Kontinent. Es gibt kaum Stellen, wo mehr als 5 cm Schnee im Jahr fällt, damit ist die Antarktis trockener als die Wüste Sahara.

Im Januar 1820 erreichte Fabian von Bellingshausen mit seinem Expeditionsschiff als Erster die Antarktis – den kältesten Kontinent der Erde. Die Antarktis liegt unter einer bis zu 4,7 km dicken Eisschicht und ist damit der am wenigsten erforschte Ort unseres Planeten. Doch auch hier hat sich erstaunlicherweise Leben entwickelt.

Antarktis

Karte: Südorkney-Inseln · Südlicher Polarkreis · Süd-Shetland-Inseln · Antarktische Halbinsel · Larsen-Schelfeis · Weddellmeer · Königin-Maud-Land · Coatsland · Alexander-Insel · Berkner-Insel · Filchner-Schelfeis · Ronne-Schelfeis · Bellingshausensee · ANTARKTIS · Ellsworthland · Südpol

Das kälteste Klima der Erde

Temperatur in °C — Niederschlag in cm

0, -10, -20, -30, -40, -50, -60

3, 2,5, 2, 1,5, 1, 0,5, 0

Jan Feb Mär Apr Mai Jun Jul Aug Sep Okt Nov Dez

Temperaturmessung an der küstennahen McMurdo-Forschungsstation. Selbst im Hochsommer steigt die Temperatur kaum über den Gefrierpunkt.

☐ Tagestiefsttemperatur   ■ Tageshöchsttemperatur   — Mittlerer Niederschlag

Stürmische Winde
Die Antarktis ist ein sehr windiger Ort. Kaltluft strömt vom erhöhten Zentrum des Eisschilds abwärts und kommt mit bis zu 300 km/h an der Küste an. Diese Stürme können tagelang toben.

Wissenschaftliche Forschung
Die Bewohner der Antarktis sind fast ausschließlich Wissenschaftler. Forschungsstationen sind ihre Wohn- und Arbeitsstätten. Von dort aus machen sie auch häufig Untersuchungen im Gelände wie z. B. astronomische oder ozeanografische Messungen. Hier erkundet ein Forscher im fast gefrorenen Eiswasser die Unterseite des Schelfeises.

Eiswelten

Eine Landschaft aus Gebirgen, Gletschern und Eisströmen macht die Antarktische Halbinsel zu einer der letzten großen Wildnis-Regionen der Erde. Hier herrscht das mildeste Klima des Kontinents, was zahlreiche Tierarten anlockt. Möwen streichen flach über das eisige Wasser des Weddellmeers, Pinguine springen hinein, um zu fischen, und Wale werfen sich im Wasser herum.

ANTARKTIS

Königin-Maud-Land
Coatsland
Weddellmeer
Antarktische Halbinsel
Ellsworthland
Südpol

◀ Adeliepinguine
Auf ihren Streifzügen nach Fischen tauchen sie bis zu 170 m tief.

Schwertwal (Orca) ▶
Dieser Wal hat keine Gegner zu fürchten. Orcas fressen etwa 250 kg Fleisch am Tag.

Kaiserpinguin ▶
Diese größte Pinguinart kann ausgezeichnet schwimmen.

▲ Schneesturmvogel
Diesen Vogel sollte man nie ärgern! Sonst verspritzt er seinen ekligen wachsartigen Mageninhalt.

◀ Dominikanermöwe
Sie frisst einfach alles: Aas, Fische, Krabben und andere Vögel.

Südpolar-Raubmöwe ▶
Die kräftige Raubmöwe jagt anderen Vögeln gern die Beute ab.

Kapsturmvogel ▶
Wegen seiner gemusterten Flügel und Schwanzfedern heißt der Kapsturmvogel auch „Der Gefleckte".

Antarktis-Seeschwalbe ▶
Große Schwärme dieser Seeschwalbenart leben rund um den antarktischen Kontinent.

▼ Buntfuß-Sturmschwalbe
Dieser Vogel läuft beim Beutefang, halb flatternd und den Schnabel eingetaucht, über die Wasseroberfläche.

Krabbenfresser ▶
Fressen keine Krabben, sondern Krill (winzige Krebstierchen), den sie aus dem Wasser sieben.

Weddell-Robbe ▲
Diese Robbe kann bis zu einer Stunde tauchen. Mit ihren starken Zähnen beißt sie sich ein Atemloch ins Meereis.

▲ **Luftblasenkäfig**
Buckelwale erzeugen einen Vorhang aus Luftblasen, der ihre Beutetiere gefangen hält.

▼ **Weißgesicht-Seidenschnabel**
Der einzige antarktische Vogel ohne Schwimmhautzehen. Er sucht Nahrung an Land.

▶ **Antarktis-Dorsch**
Die Schuppen dieses Fischs enthalten ein natürliches Kälteschutzmittel.

Flechten ▲
Flechten sind Lebensgemeinschaften aus Pilzen und Algen in sehr kalten Klimagebieten.

▼ **Buckelwale**
Sie leben in Gruppen (Schulen), springen gern halb aus dem Wasser und verständigen sich mit Gesängen.

▼ **Zügelpinguin**
Ihren Namen verdanken diese Pinguine dem dunklen Federstreifen am Kinn.

◀ **Seetang (Kelp)**
In diesem Dickicht leben viele Kleinlebewesen, denen Seevögel nachstellen.

Leben auf dem Eis

Die Antarktis war nicht immer kalt. Vor Millionen Jahren befand sie sich viel weiter nördlich und beherbergte Pflanzen und sogar Dinosaurier. Danach glitt sie allmählich Richtung Südpol und kühlte sich dabei so weit ab, bis das ganze Land unter Gletschereis lag. Heute leben die meisten Tiere in den Küstenmeeren. Nur wenige, wie die Kaiserpinguine, brüten auf dem Eis. Das Weibchen legt im Herbst ein einziges Ei, das sie danach dem Männchen übergibt. Alle brütenden Männchen bilden eine dichte Kolonie und schützen das Ei so lange vor Kälte, bis das Junge schlüpft.

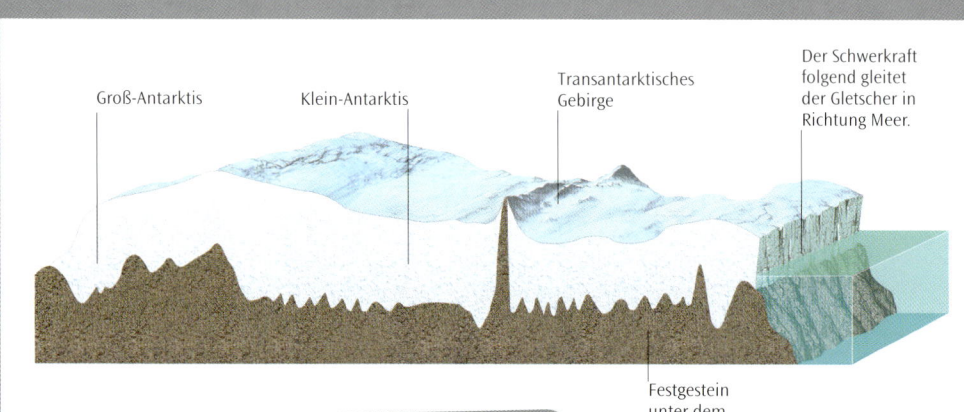

Groß-Antarktis

Klein-Antarktis

Transantarktisches Gebirge

Der Schwerkraft folgend gleitet der Gletscher in Richtung Meer.

Festgestein unter dem Gletschereis

Unter dem Eisschild
Der antarktische Eisschild hat die Form einer riesigen Kappe, durchschnitten vom Transantarktischen Gebirge. Eis entsteht aus angehäuften Schneemassen, die tiefsten Lagen sind Millionen Jahre alt. Das Eis fließt in riesigen Gletscherzungen zur Küste hinab. Manche davon sind über 200 km lang.

Hinterfüße dienen zum Schwimmen.

Vorderfüße zum Einfangen herantreibender Nahrung

Krill
Diese garnelenartigen Tierchen bevölkern in riesigen Schwärmen das ganze Südpolarmeer. Sie sind zwar nur bis zu 6 cm lang, aber ein einziger Schwarm kann Millionen Tonnen wiegen. Krill ist die Hauptnahrung vieler antarktischer Tiere. Pinguine fangen die Tierchen einzeln, Wale dagegen zehntausende auf einmal, wenn sie mit offenem Maul durch den Schwarm pflügen.

Im Schneesturm
Während eines Schneesturms drängen sich die Kaiserpinguine zu einer großen Gruppe zusammen. Weil es im Innern der Gruppe viel wärmer ist als am Rand, drücken die am Rand stehenden Pinguine ständig nach innen. Dadurch kommen alle Tiere abwechselnd in den Genuss der wärmeren Plätze.

Jahreszeiten am Meeresgrund

Sommer
Trotz der Temperaturen um den Gefrierpunkt wimmelt es am Grund des Südpolarmeers von Leben. Viele Tiere wie Fische, Seeanemonen, Seeigel, Seesterne und Weichkorallen halten sich nahe des Eisrands auf.

Winter
Gegen Ende des polaren Sommers friert das Meer zu und das Schelfeis breitet sich aus. Viele Meerestiere wechseln vom flachen Schelfmeer in die Tiefsee, um dem lebensfeindlichen Packeis zu entgehen.

Extreme Brutbedingungen
Kaiserpinguine bauen keine Nester. Stattdessen gibt das Weibchen ihr gelegtes Ei an das Männchen weiter, das es auf seine Füße legt. Darüber legt sich eine warme, daunengefederte Hautfalte. Auf diese Weise ist das Ei ständig 42°C warm, selbst wenn im Schneesturm das Thermometer auf -60°C sinkt.

▼ **Grüner Leguan**
Dieser blätterfressende Baum-bewohner ist ein geschickter und sehr flinker Kletterer.

Totenkopfäffchen ▶
Sie flitzen tagsüber durch die Baumkronen. Der Schwanz dient der Balance.

▼ **Nasenbär**
Dieser Kleinbär ist mit Wasch-bären verwandt und frisst gerne Insekten.

▼ **Zwergzikade**
Sie kann mit ihren bohren-den Mundwerkzeugen Saft aus den Pflanzen saugen.

▼ **Anolis**
Wenn diese Echse ihr leuch-tend rotes Maul aufreißt, droht sie einem Männchen oder will einem Weibchen imponieren.

Kapokbaum
Dieser Baumriese braucht Un-mengen Wasser und viel Licht. Er liebt den täglichen tropischen Regen und die Schwüle.

Rotbauch-Ara ▶
Dieser Papagei mit dem roten Fleck auf dem Bauch hat eine schrille Stimme.

▼ **Pfeilgiftfrosch**
Die auffälligen Farben dieser Frösche warnen Feinde, dass ihre Haut sehr giftige Sekrete absondert.

Termitennest ▶
Baumtermiten kleben ihre Nester mit einer Mischung aus zerkautem Holz, Lehm und Kot ins Geäst.

▼ **Blattschneiderameisen**
Man fand Ameisenstraßen dieser Art, die über 250 m lang waren!

Hellroter Ara ▶
Dieser Papagei kann mit 56 km/h fliegen und etwa 80 Jahre alt werden.

Baumriesen

Der Kapokbaum ist einer der höchsten im brasilianischen Regenwald. Er gehört zur Gruppe der Ceibabäume und wird bis zu 50 m hoch und 500 Jahre alt. Er gedeiht in den regelmäßig überfluteten Auen des tropischen Regenwaldes, etwa im Mamirauá-Reservat. Der gesamte Baum wird von vielen Insekten, Vögeln und anderen Tieren besucht. Dicke Kletterpflanzen und seltene Orchideen ranken sich um Stamm und Äste.

ATLANTISCHER OZEAN
Karibisches Meer
VENEZUELA
KOLUMBIEN
BRASILIEN
ECUADOR
PERU
BOLIVIEN
PAZIFISCHER OZEAN
Mamirauá-Reservat

Harpie ►
Mit 2 m Flügelspannweite zählt die Harpie zu den größten und stärksten Greifvögeln der Erde.

Südlicher Tamandua ►
Mit seinen starken Klauen klettert der Tamandua, ein Ameisenbär, Bäume empor.

◄ Rotbugara
Der Schwanz dieses frechen Papageis macht die Hälfte des 45 cm langen Körpers aus.

Hoatzin ►
Dieser schlechte Flieger sucht die meiste Zeit in den Bäumen nach essbaren Blättern und Früchten.

◄ Wickelbär
Dieses Säugetier mag keinen Lärm. Wird es gestört, schreit, kratzt und beißt es!

◄ Hundskopfboa
Diese Würgeschlange erfasst ihr Opfer mit den Zähnen, umschlingt es, bis es erstickt, und schlingt es als Ganzes hinunter.

◄ Vampirfledermaus
Tags schläft dieses Säugetier in den Baumkronen, nachts jagt es Insekten.

Wespennest ►
Diese Nester werden versteckt im Zweig- und Blattwerk befestigt.

Vogelspinne ►
Die behaartesten und größten Spinnen der Erde leben im Amazonas-Regenwald.

◄ Dreifinger-Faultier
Faultiere bewegen sich sehr langsam im Dickicht. Sie fressen und schlafen an allen vier Füßen hängend.

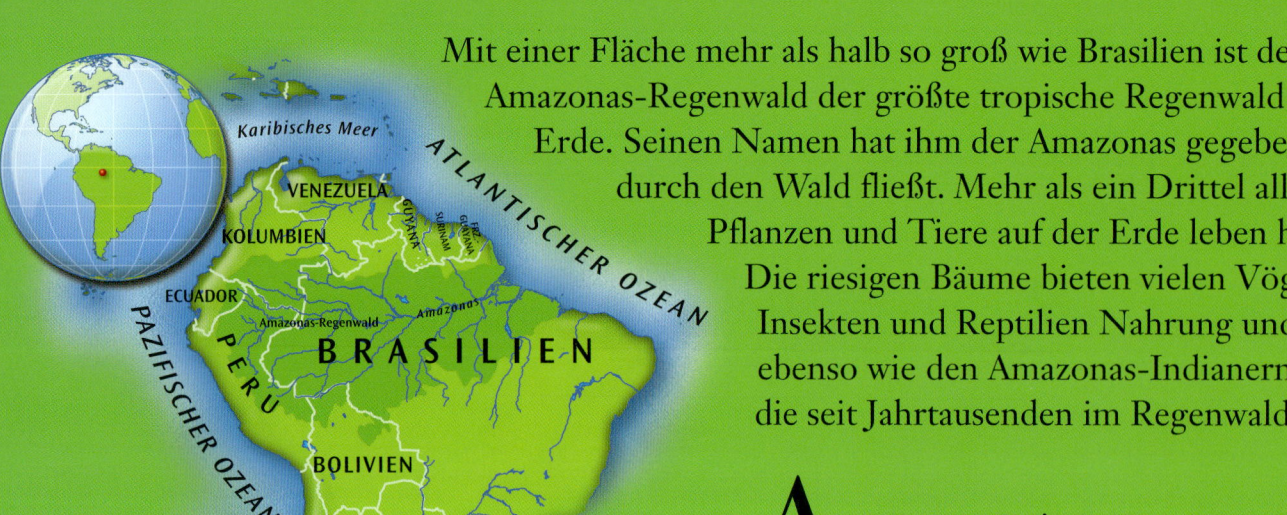

Mit einer Fläche mehr als halb so groß wie Brasilien ist der Amazonas-Regenwald der größte tropische Regenwald der Erde. Seinen Namen hat ihm der Amazonas gegeben, der durch den Wald fließt. Mehr als ein Drittel aller Pflanzen und Tiere auf der Erde leben hier. Die riesigen Bäume bieten vielen Vögeln, Insekten und Reptilien Nahrung und Schutz – ebenso wie den Amazonas-Indianern, die seit Jahrtausenden im Regenwald leben.

Amazonas-Regenwald

Das Klima in den Tropen

Temperatur in °C	Das ganze Jahr herrscht die gleiche Temperatur.	Niederschlag in cm

Jan Feb Mär Apr May Jun Jul Aug Sep Okt Nov Dez

☐ Tagestiefsttemperatur   ☐ Tageshöchsttemperatur   — Mittlerer Niederschlag

Jährliche Überflutungen
Große Gebiete des Waldes werden in der Regenzeit überschwemmt. Dann tritt der Amazonas über seine Ufer und setzt den Wald bis 12 m hoch unter Wasser. Das Wasser strömt bis zu 20 km landeinwärts.

Bewohner Amazoniens
Früher lebten über 5 Millionen Menschen hier, heute sind es nur noch rund 200 000. Die meisten leben vom Wanderfeldbau: Sie bauen für kurze Zeit Feldfrüchte an und ziehen dann wieder weiter. Dadurch laugt der Boden weniger aus. Diese Indios zeigen einen rituellen Tanz.

Rekordverdächtiger Strom
Der Amazonas ist der wasserreichste Fluss der Erde. Er entspringt im Hochgebirge der peruanischen Anden, fließt dann 6435 km durch Peru und Brasilien und mündet schließlich in den Atlantik. Streckenweise ist der Fluss so breit, dass das andere Ufer nicht zu sehen ist.

Hoch in den Anden

Der Amazonas entspringt hoch oben in den Anden Perus. Von Westen nach Osten durchquert der Fluss ganz Südamerika bis zum Atlantischen Ozean. Über die Hälfte des Flusslaufs gehört zu Brasilien.

Wasserlandschaften

In den Anden durchfließt der junge Amazonas gewaltige Schluchten mit unzähligen Wasserfällen. Im großen Amazonasbecken strömt er an Sümpfen, Altwässern und Seen vorbei und nimmt große Nebenflüsse auf.

Das Kronendach

Wie ein Dach wölben sich die Kronen der Baumriesen über dem Wald, denn die Blätter stehen sehr dicht und halten 80 % des Sonnenlichts zurück. An den spitzen Blättern tropft das Wasser ab, sodass keine Schimmelpilze wachsen können.

Entwaldung

In den letzten Jahrzehnten sind riesige Waldflächen gerodet worden, um Edelhölzer, Ackerflächen und Weiden zu gewinnen. Wenn die Entwaldung nicht gestoppt wird, droht bald die Vernichtung des gesamten Regenwaldes.

▼ Riesenotter
Dieser Jäger lebt in Familien-
clans unter Wurzelstöcken oder
Baumstümpfen am Flussufer.

▼ Mohrenkaiman
Kaimane sind große räube-
rische Reptilien, die in
stehenden Gewässern lauern.

▼ Arapaima
Der riesige Fisch (2,5 m Länge)
schnellt aus dem Wasser, um
Vögel zu schnappen.

▼ Buntbarsche
Die über 1000 Arten Bunt-
barsche gibt es in vielen
Größen, Formen und Farben.

▼ Bromelie
Diese typische Regenwald-
pflanze wächst nur auf den
beiden amerikanischen
Kontinenten.

▼ Skorpion
Mit dem scharfen Giftstachel
an seinem Schwanzende
schlägt er zu und spritzt Gift in
sein Opfer ein.

▼ Amazonasfischer
Der Vogel lauert auf Steinen
oder Ästen über dem Wasser
auf Beutetiere.

▼ Arrauschildkröte
Diese große Wasserschildkröte
wird 45 kg schwer und über
1 m lang.

◄ Flamingoblume
Sie gedeiht in feuchten
tropischen Regenwäldern.
Jedes Jahr werden neue Arten
entdeckt.

Wasserschwein ▲
Das größte Nagetier der Erde
lebt in den Sümpfen und
Allwässern des Amazonas.

▼ Piranhas
Diese Raubfische haben messer-
scharfe Zähne und fallen im
Schwarm über ihre Beute her.

◄ Tapir
Wasser ist lebenswichtig
für ihn, weil er gern schwimmt
und sich im Flussbett aufhält.

Regelmäßige Überflutung
Nach längeren Regenfällen
tritt der Fluss über die Ufer
und überschwemmt den Wald.

Amazonas-Delfin ▶
Dieses sanfte Säugetier ist sehr
intelligent. Sein Gehirnvolumen
ist 40 % größer als unseres.

Manati ▼
Die auch Seekühe genannten
Tiere weiden die Wasserpflan-
zen im Flussbett ab.

▼ Blauscheitelmotmot
Dieser Verwandte des Eisvogels frisst Insekten, kleine Echsen und Früchte.

◄ Jaguar
Das gefleckte Fell der größten Raubkatze Südamerikas tarnt sie auf ihren Beutezügen.

Pekari ▼
Die geselligen Pekaris ziehen sehr häufig in Gruppen durch den Regenwald.

▼ Regenbogenboa
Diese Schlange ist lang, dünn und leicht und bewegt sich mühelos durch Äste und Zweige.

Paka ►
Dieses gepunktete Nagetier ist ein Einzelgänger und lebt in Erdhöhlen.

◄ Tukan
Mit seinem großen Schnabel kann der Tukan die meisten Früchte im Baumgeäst erwischen.

◄ Orchideen
Sie wachsen statt am Boden oft in den Baumkronen, weil sie dort mehr Licht und Wasser bekommen.

Philodendron ►
Bei dem auch als Zimmerpflanze bekannten Philodendron sind alle Teile giftig.

▼ Blauer Morphofalter
Der glänzend blaue Falter lebt in den Regenwäldern ganz Südamerikas.

Anakonda ►
Kaum merklich bewegt sich die Anakonda auf der Suche nach Beute vorwärts, die sie erstickt.

Der malerische Sognefjord
Norwegens längster Fjord, der Sognefjord, windet sich in zahllosen Kurven ins gebirgige Landesinnere. Auf den Wiesen am Ufer weiden Rinder, auf den höher gelegenen sind es Schafe und Ziegen. Im Sommer werden die nach Süden ausgerichteten Hänge von der Sonne verwöhnt, sodass dort sogar Obstbäume wachsen.

Norwegens berühmte Fjorde zählen zu den beliebtesten Foto-motiven in Europa. Während der letzten Eiszeit war ganz Norwegen von Eis bedeckt. In tausenden von Jahren schürften die Gletscher unzählige Täler tief aus. Als das Eis schmolz, nahm das Meer Besitz von diesen Schurftälern – die heutige Fjordlandschaft entstand. Die Fjorde sind sehr tief und für Schiffe jeder Größe befahrbar, ob Fischerboote oder riesige Kreuzfahrtschiffe, die von weit her kommen, um die wunderschönen Naturhäfen zu besuchen.

Norwegische Fjorde

Zerfurchte Küstenlinie

Norwegens Küste mit ihren tausenden von Meerengen, Buchten und Felseninseln sieht aus wie ein übergroßes Sägezahnblatt. Von oben betrachtet sieht man genau, wo die Gletscher sich zuerst in das Gebirge eingeschnitten haben.

Schwindelerregende Tiefen

Manche Steilwände ragen senkrecht aus dem Wasser. Dieser als Aussichtsplattform genutzte Felsvorsprung, der Preikestolen, erhebt sich 600 m über dem Lysefjord. Der Tiefblick ist nicht jedermanns Sache!

Wasser marsch

Besonders an der verregneten Westküste gibt es viele Wasserfälle. Sie stürzen „hängende Täler" hinab, das sind einst von Gletschern ausgeschürfte Hochtäler im Gebirge.

Auf dem Fjell

Hoch über den Fjorden, auf den Fjells (kahle Hochplateaus), herrscht ein raues Gebirgsklima. Nicht einmal Bäume halten es hier aus. Stattdessen wachsen hier nur Flechten, Algen und Moose auf und zwischen den Felsen.

Feuchtgebiete

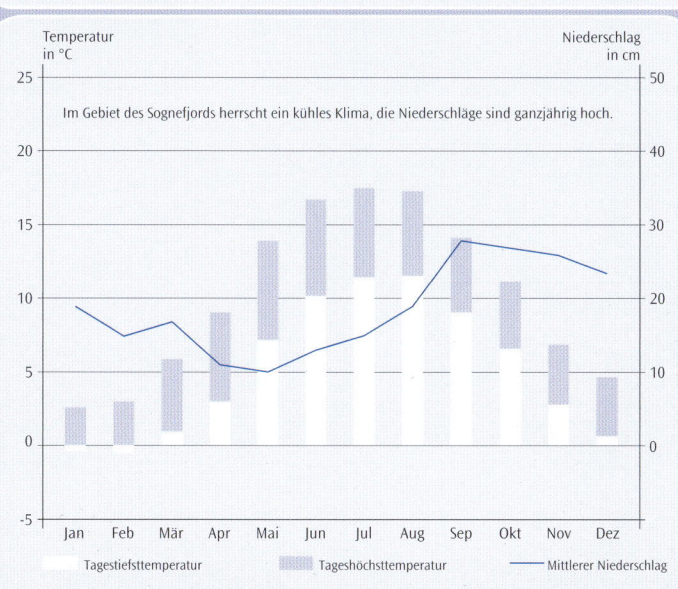

Temperatur in °C / Niederschlag in cm

Im Gebiet des Sognefjords herrscht ein kühles Klima, die Niederschläge sind ganzjährig hoch.

(Diagramm: Monate Jan–Dez; y-Achse Temperatur −5 bis 25 °C, Niederschlag 0 bis 50 cm)

Tagestiefsttemperatur — Tageshöchsttemperatur — Mittlerer Niederschlag

Land der langen Winter

Der Sognefjord liegt nur 600 km südlich des nördlichen Polarkreises. Hier sind die Winter lang und dunkel. In den Monaten des Mittsommers wird es nachts dagegen nie ganz dunkel. Am Fjord fangen sich häufig Regenwolken.

Reiche Fischgründe

Norwegens Küstengewässer sind sehr fischreich und so sind über Jahrhunderte viele Fischerorte entlang der Küste entstanden. Vor der Zeit der Kühltechnik musste Fisch zum Konservieren eingesalzen oder auf Gestellen im Freien getrocknet werden. Heute landet der fangfrische Fisch noch auf dem Boot in Eisbehältern.

An der Küste

Der Sognefjord in Westnorwegen ist ein echter Rekord-Fjord. Er ist mit 200 km der längste Fjord des Landes und außerdem auch noch der tiefste mit 1300 m – das ist vier Mal die Höhe des Eifelturms! Einer der unberührtesten und landschaftlich schönsten Nebenarme des Sognefjords ist der enge Nærøfjord mit seinen reichen Fischgründen. An seinen Ufern bauen Vögel ihre Nester in dichte Wälder und in die Felsspalten der Steilwände.

▼ **Fichtenkreuzschnabel**
Die Finkenart überlebt den harten Winter, indem sie einen Vorrat an Fichtensamen anlegt.

Kormoran ▶
Der große Wasservogel stürzt sich kopfüber in den Fjord und taucht mit einem Fisch wieder auf.

Eichhörnchen ▶
Die Einzelgänger bauen ihre Nester in Bäume. Sie lieben es Zapfen abzuknabbern.

▼ **Waldameisen**
Hunderte von Waldameisen legen weite Wege zurück, um Insekten und Tau einzusammeln.

◀ **Feldhase**
Der scheue Feldhase wagt sich normalerweise nur nachts zum Fressen hervor. Er schlägt Haken, um Verfolgern zu entkommen.

◀ **Europäischer Elch**
Als größte Hirschart durchstreift der Elch die nördlichen Nadelwälder nach Nahrung.

▼ **Deutsche Wespe**
Angelockt von Früchten und Nektar verlässt diese Wespenart ihr Bodennest, um zu fressen.

▶ **Auerhahn**
Der prächtige Auerhahn ist doppelt so groß wie das Auerhuhn. Sie suchen beide den Waldboden nach Fressbarem ab.

▼ Wacholderdrossel
Dieser hell gemusterte Vogel nistet in Bäumen und verfüttert Insekten und Würmer an die Jungen.

Polarfuchs ▲
Dieser flinke, die Fellfarbe wechselnde Fuchs jagt Nagetiere und Vögel.

Braunbär ▶
Dieser Allesfresser nimmt alles, was ihm vor die Schnauze gerät, ob Pflanzen, Beeren, Nagetiere oder Lachse.

▲ Gerfalke
Die größte Falkenart ergreift ihre Beute in der Luft oder am Boden.

Hermelin ▶
Der flinke Marder ist tags wie nachts unterwegs. Die Mutter erzieht schon früh ihre Jungen zum Jagen.

▼ Otter
Der geschickte Schwimmer trägt einen wasserdichten Pelz, der ihn vor Kälte und Nässe schützt.

Schweinswal ▲
Obwohl er einer der kleinsten Meeressäuger ist, vertilgt der Schweinswal täglich bis zu 4 kg Fisch.

▲ Atlantischer Lachs
Junge Lachse ernähren sich von winzigen Tierchen. Ausgewachsen werden sie bis zu 30 kg schwer und fressen größere Fische und Aale.

◀ Austernfischer
Es müssen keine Austern sein – der gesellige Watvogel frisst auch gerne Schnecken, Würmer und Insekten.

▼ Lachmöwe
Diese Möwe trägt ihren Namen wegen ihrer lauten Stimme, die an Lachen erinnert.

▲ Grasfrosch
Frösche lieben Feuchtgebiete. Sie überwintern im Zustand der Kältestarre, während der sie durch die Haut atmen.

Lebensraum Fjord

Tausende von Jahren lag Norwegens Küste unter Gletschereis, das Klima war ganzjährig etwa gleich. Seit das Eis abgeschmolzen ist und gleichzeitig die Fjorde entstanden, sind die Jahreszeiten zurückgekehrt. Manche Tiere kommen und gehen, je nach Nahrungsangebot, andere wie die Rote Waldameise lassen sich dauerhaft nieder. Klein angefangen, kann ein Ameisenhaufen nach einigen Jahren 1,5 m hoch sein und Millionen Ameisen beherbergen.

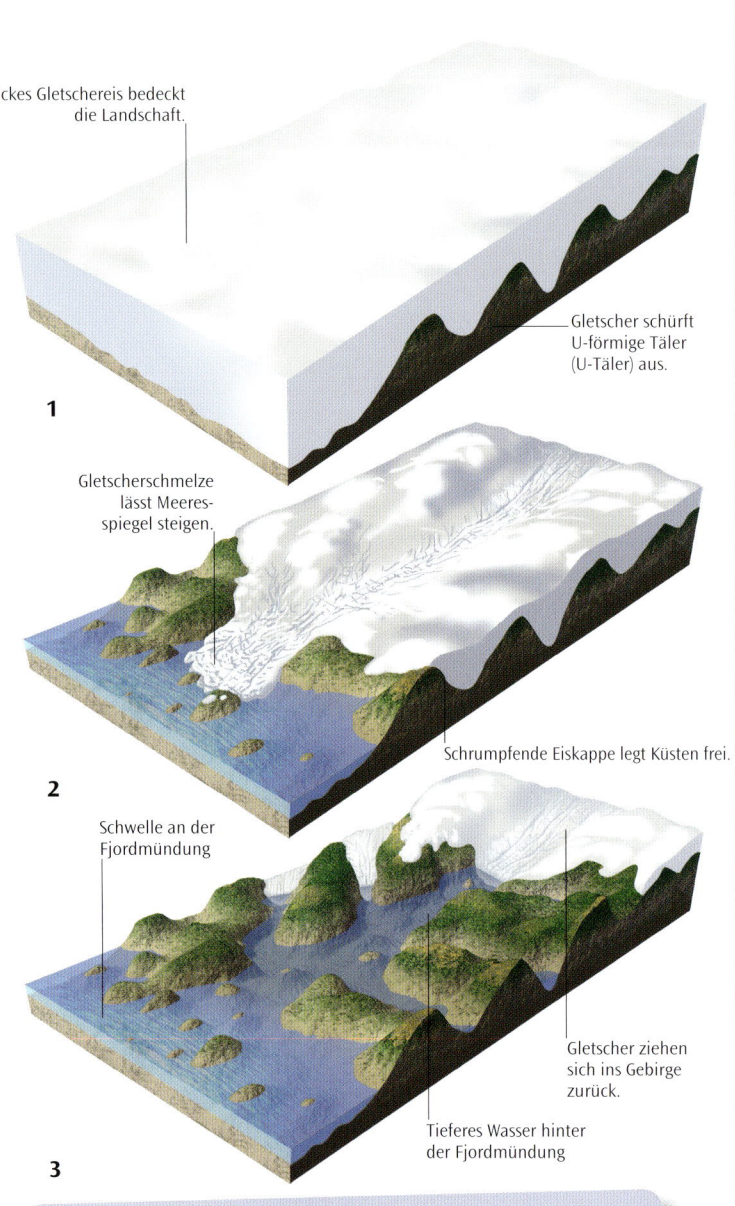

Dickes Gletschereis bedeckt die Landschaft.

Gletscher schürft U-förmige Täler (U-Täler) aus.

1

Gletscherschmelze lässt Meeresspiegel steigen.

Schrumpfende Eiskappe legt Küsten frei.

2

Schwelle an der Fjordmündung

Gletscher ziehen sich ins Gebirge zurück.

Tieferes Wasser hinter der Fjordmündung

3

Wie die Fjorde entstanden sind

1 Während der letzten Eiszeit waren Norwegens Küsten komplett unter Gletschereis begraben. Der Meeresspiegel lag 120 m tiefer als heute. Talgletscher schürften auf ihrem Weg zum Nordmeer die vorhandenen Täler tief aus.

2 Als das Klima wärmer wurde, schmolzen die Gletscher allmählich ab und der Meeresspiegel stieg an. In die von den Gletschern verlassenen U-Täler strömte Meerwasser ein.

3 Heute sind nur noch kleine Gletscherreste übrig und die U-Täler sind zu Fjorden geworden. Am Grund der Fjordmündung liegt häufig eine Schwelle aus Gesteinsschutt, den der Gletscher einst hier abgelagert hat.

Nestbau

Rote Waldameisen sammeln Tannennadeln und Zweigreste, die sie zu einem Ameisenhügel aufhäufen. Seine Oberfläche wirkt wie ein Strohdach, das den Regen ableitet und den Bau trocken hält. Während des Sommers sammeln sie fleißig Nahrung für sich und die Brut, im Winter harren sie tief im Bau aus.

Ameisen-Kinderstube

Jeder Ameisenbau besteht aus einem komplizierten Netz von Tunneln und Kammern. Einige davon dienen als Bruträume, andere zum Füttern der Larven. Sobald eine Larve ausgewachsen ist, beginnt sie sich in einen Kokon einzuspinnen. Nach rund 2 Wochen platzen die Kokons und die fertigen Ameisen klettern heraus.

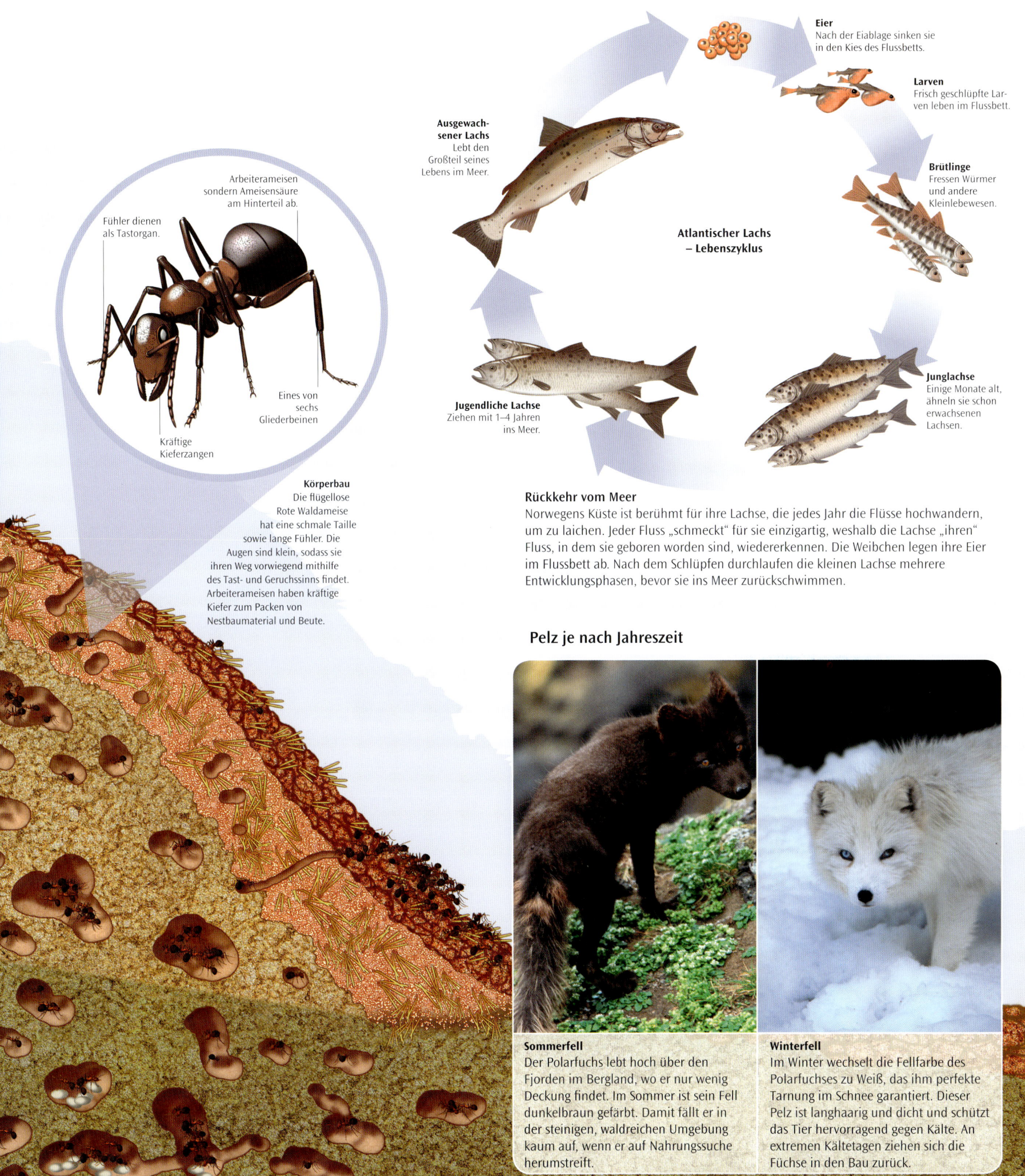

Fühler dienen als Tastorgan.

Arbeiterameisen sondern Ameisensäure am Hinterteil ab.

Kräftige Kieferzangen

Eines von sechs Gliederbeinen

Körperbau
Die flügellose Rote Waldameise hat eine schmale Taille sowie lange Fühler. Die Augen sind klein, sodass sie ihren Weg vorwiegend mithilfe des Tast- und Geruchssinns findet. Arbeiterameisen haben kräftige Kiefer zum Packen von Nestbaumaterial und Beute.

Eier
Nach der Eiablage sinken sie in den Kies des Flussbetts.

Larven
Frisch geschlüpfte Larven leben im Flussbett.

Brütlinge
Fressen Würmer und andere Kleinlebewesen.

Atlantischer Lachs – Lebenszyklus

Ausgewachsener Lachs
Lebt den Großteil seines Lebens im Meer.

Junglachse
Einige Monate alt, ähneln sie schon erwachsenen Lachsen.

Jugendliche Lachse
Ziehen mit 1–4 Jahren ins Meer.

Rückkehr vom Meer
Norwegens Küste ist berühmt für ihre Lachse, die jedes Jahr die Flüsse hochwandern, um zu laichen. Jeder Fluss „schmeckt" für sie einzigartig, weshalb die Lachse „ihren" Fluss, in dem sie geboren worden sind, wiedererkennen. Die Weibchen legen ihre Eier im Flussbett ab. Nach dem Schlüpfen durchlaufen die kleinen Lachse mehrere Entwicklungsphasen, bevor sie ins Meer zurückschwimmen.

Pelz je nach Jahreszeit

Sommerfell
Der Polarfuchs lebt hoch über den Fjorden im Bergland, wo er nur wenig Deckung findet. Im Sommer ist sein Fell dunkelbraun gefärbt. Damit fällt er in der steinigen, waldreichen Umgebung kaum auf, wenn er auf Nahrungssuche herumstreift.

Winterfell
Im Winter wechselt die Fellfarbe des Polarfuchses zu Weiß, das ihm perfekte Tarnung im Schnee garantiert. Dieser Pelz ist langhaarig und dicht und schützt das Tier hervorragend gegen Kälte. An extremen Kältetagen ziehen sich die Füchse in den Bau zurück.

Ostafrik. Grabenbruch

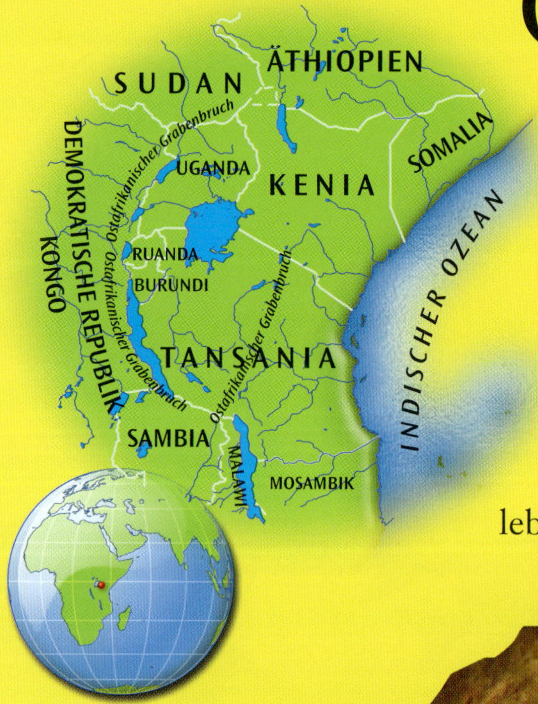

Vor über 20 Millionen Jahren riss in Ostafrika ein gigantischer Graben auf. Heißes Magma stieg aus der Tiefe empor und drückte die Erdkruste auseinander. Der Riss ist 6400 km lang und bis zu 100 km breit. Seine Ränder fallen steil ab. Neben aktiven Vulkanen, heißen Quellen und tiefen Seen ist der Grabenbruch berühmt für seine weiten Savannen, in denen viele Wildtiere leben.

Führung durch die Savanne

Wasserlöcher
Im Grabenbruch sind Wasserlöcher überlebenswichtig. Manchen Tieren genügt der Wassergehalt ihrer Nahrung, aber viele andere kommen täglich hierher zum Trinken. Die Raubtiere wissen das genau und lauern dort auf Beute.

Vulkane
Der Grabenbruch entstand durch vulkanische Aktivitäten. Auch heute noch finden sich im Graben aktive Vulkane. Der Ol Doinyo Lengai in Tansania ist einer der größten: Er erreicht fast 3000 m Höhe und brach 2006 das letzte Mal aus.

Grasfresser
Den Talgrund des Grabenbruchs bedeckt Grassavanne, die vielen Tieren Lebensraum bietet. Besonders große Säugetiere wie Antilopen, Zebras und Büffel, aber auch Rinder und Ziegen aus benachbarten Farmen grasen hier.

Inselberge
In vielen Teilen Ostafrikas und auch im Grabenbruch gibt es isolierte, steil aufragende Bergstöcke, die Inselberge. Löwen besteigen sie als Beobachtungsposten, kleinere Tiere verstecken sich in ihren Spalten und Klüften.

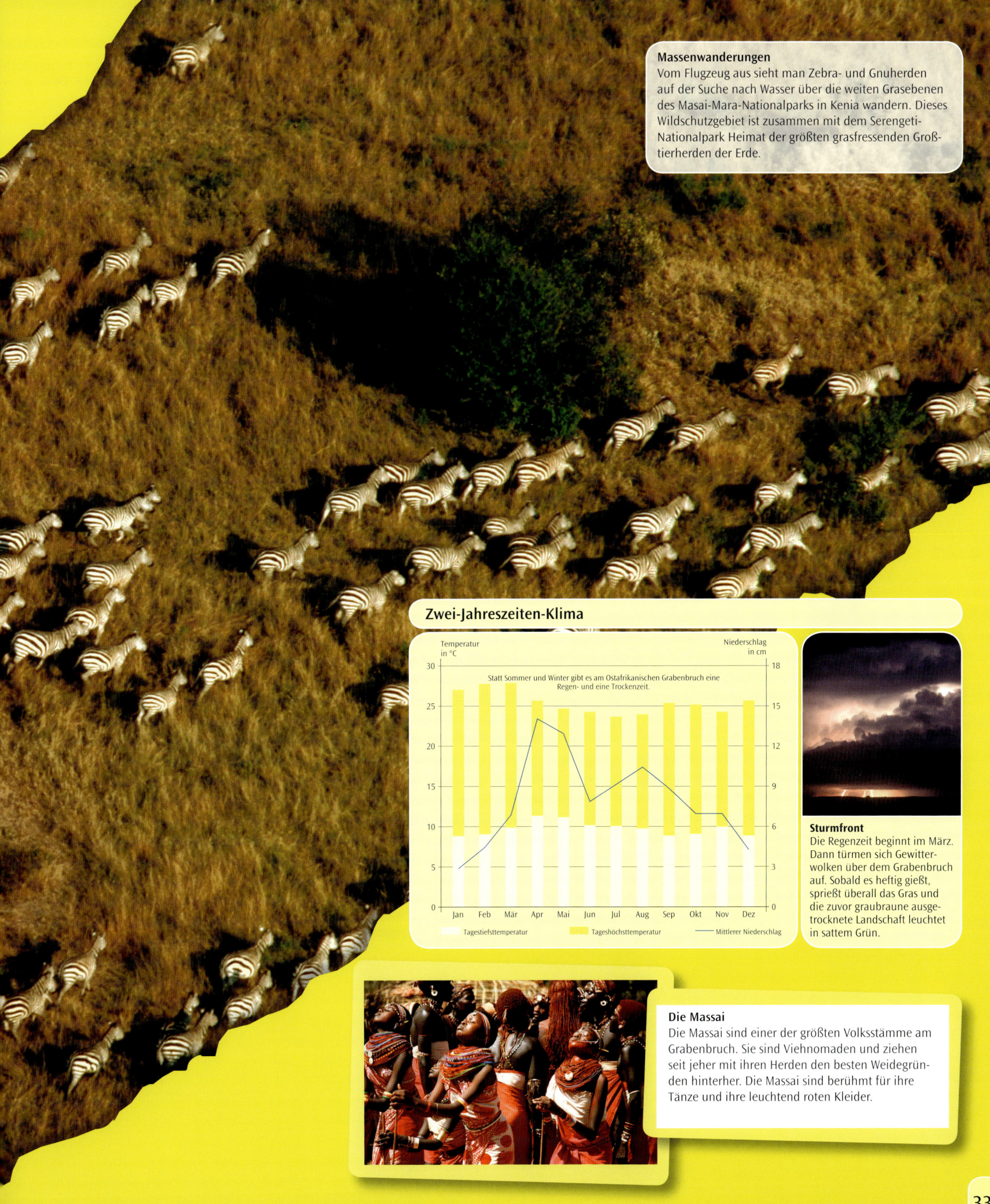

Massenwanderungen
Vom Flugzeug aus sieht man Zebra- und Gnuherden auf der Suche nach Wasser über die weiten Grasebenen des Masai-Mara-Nationalparks in Kenia wandern. Dieses Wildschutzgebiet ist zusammen mit dem Serengeti-Nationalpark Heimat der größten grasfressenden Großtierherden der Erde.

Zwei-Jahreszeiten-Klima

Temperatur in °C

Niederschlag in cm

Statt Sommer und Winter gibt es am Ostafrikanischen Grabenbruch eine Regen- und eine Trockenzeit.

	Jan	Feb	Mär	Apr	Mai	Jun	Jul	Aug	Sep	Okt	Nov	Dez

☐ Tagestiefsttemperatur   ▯ Tageshöchsttemperatur   — Mittlerer Niederschlag

Sturmfront
Die Regenzeit beginnt im März. Dann türmen sich Gewitterwolken über dem Grabenbruch auf. Sobald es heftig gießt, sprießt überall das Gras und die zuvor graubraune ausgetrocknete Landschaft leuchtet in sattem Grün.

Die Massai
Die Massai sind einer der größten Volksstämme am Grabenbruch. Sie sind Viehnomaden und ziehen seit jeher mit ihren Herden den besten Weidegründen hinterher. Die Massai sind berühmt für ihre Tänze und ihre leuchtend roten Kleider.

Jäger und Gejagte

Im Herzen des Ostafrikanischen Grabenbruchs liegt die weltberühmte Masai Mara. In dieser ausgedehnten Savanne wimmelt es von Tieren. Herden von Großtieren wie Elefanten, Gnus und Zebras durchwandern das Grasland, verfolgt von Löwen und Geparden. Nilpferde und lauernde Krokodile belagern die Wasserlöcher und die Ufer des Mara-Flusses, der den Nationalpark durchfließt.

Elefanten ▶
Elefanten sind stets auf der Suche nach Wasser zum Abkühlen, weil sie keine Schweißdrüsen haben.

Gnus ▲
Jedes Jahr wandern Millionen Gnus auf der Suche nach Gras und Wasser von Tansania in die Masai Mara.

◀ Gaukler
Dieser Adler verbringt 8 Stunden am Tag in der Luft, um zu jagen.

▼ Warzenschwein
Zum Fressen knien sich die Tiere hin. Ihre spitzen Hauer setzen sie nur zur Verteidigung ein.

Honigdachs ▼
Er stöbert mit seiner feinen Nase selbst die Nester von Vögeln und wilden Bienen auf.

Nashornvogel ▲
Dieser auffallige Vogel ist meist damit beschäftigt, kleine Echsen, Schlangen und Spinnen zu jagen.

◀ Kobra
In Bedrängnis nimmt diese Giftschlange Drohhaltung ein und kann jeden Augenblick zuschlagen.

▲ Schlankmangusten
Sie leben allein oder paarweise und stellen Schlangen, Ratten, Echsen und Vögeln nach.

▲ Nilwaran
Afrikas größter Waran ist ein guter Kletterer mit scharfen Krallen und Zähnen. Er lebt am Wasser.

◀ Löwe
Sein Brüllen kann man 8 km weit hören. Löwen jagen im Verband selbst den großen Kaffernbüffel.

◄ Weißrückengeier
Seinen weißen Rücken sieht man nur im Flug, wenn er nach Aas sucht.

Spitzmaulnashorn ▼
Bei plötzlicher Störung neigen Nashörner dazu, mit vollem Tempo anzugreifen.

▼ Anubispavian
Von einem Weibchen angeführt, suchen sie tagsüber nach vegetarischer Nahrung.

▼ Zebras
Zebras trinken nur in Gruppen: Ihre Streifen verschmelzen und verwirren so die Angreifer.

▲ Giraffen
Sie zählen zu den größten Tieren und können sehr hoch in den Bäumen äsen.

Hyäne ▲
Diese angriffslustigen Jäger haben kräftige Kiefermuskeln zum Durchbeißen dicker Knochen.

▼ Nilkrokodil
Mit 5 m Länge kann es urplötzlich aus dem Wasser hervorschießen und ein trinkendes Zebra packen.

Impala ▼
Die schnelle Antilopenart wird von vielen Raubtieren in der Masai Mara gejagt.

Gepard ▲
Das schnellste Landtier der Erde hetzt seine Beute mit einer Spitzengeschwindigkeit von 110 km/h.

◄ Madenhacker
Sie sitzen auf Großsäugern und picken Parasiten wie Maden oder Zecken aus deren Fell.

▲ Strauß
Die größten Vögel der Erde können nicht fliegen. Zu Fuß sind sie schnell und ausdauernd.

◄ Kaffernbüffel
Große Bullen können bis zu 1000 kg wiegen, trotzdem sind sie schneller, als man denkt.

Leben vom Gras

Im Ostafrikanischen Grabenbruch jagen Unmengen von Raubtieren. Aber wie alle anderen Tiere hängen auch sie letztlich von Pflanzen ab. Grasfressende Antilopen sind Beute für Löwen und Leoparden, Elefanten und Giraffen kauen die Blätter und Samen der Akazien. Diese Bäume dienen Tieren auch als Unterschlupf – etwa den Webervögeln, die ihre Nester darin bauen, oder Ameisen, die in den hohlen Dornen wohnen.

Die Entstehung des Grabenbruchs
Der Ostafrikanische Grabenbruch ist eine gigantische geologische Dehnungsspalte, die einer Schwächezone der Erdkruste folgt.

1 Die Erdkruste riss auf und die Krustenplatten wichen beiderseits der Spalte auseinander. Flüssige Lava stieg empor und die Erdoberfläche brach ein.
2 Währenddessen senkte sich ein großes Krustenstück unter seinem eigenen Gewicht ab und bildete ein breites, steilwandiges Tal. Am Talboden gab es bald Flüsse und Seen sowie ausgedehnte Grasflächen.

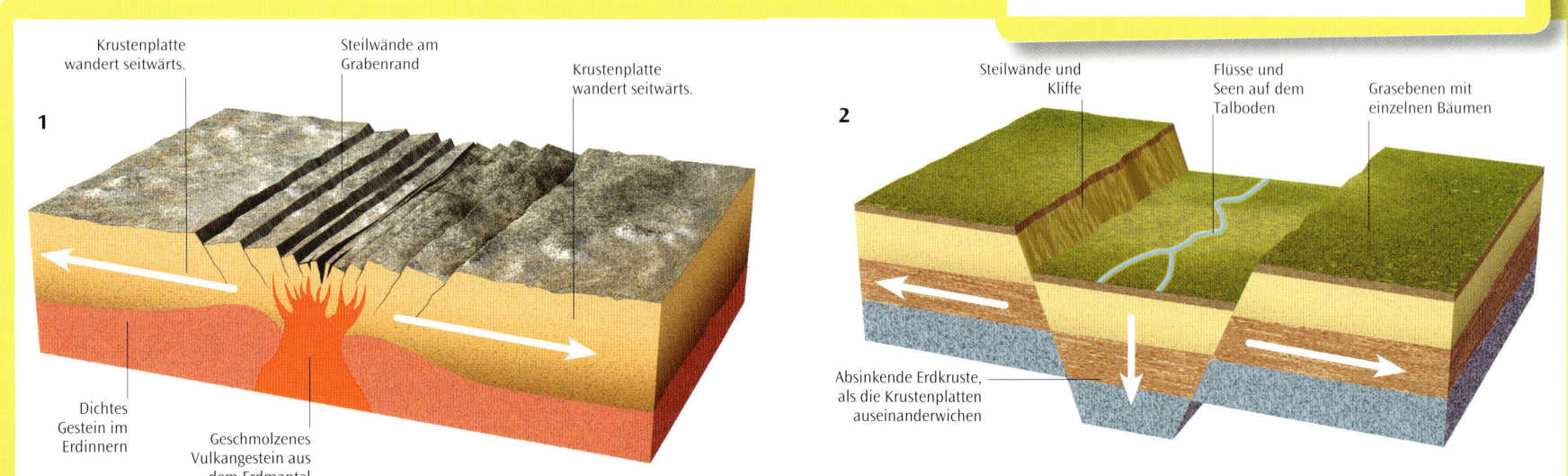

1
Krustenplatte wandert seitwärts.
Steilwände am Grabenrand
Krustenplatte wandert seitwärts.
Dichtes Gestein im Erdinnern
Geschmolzenes Vulkangestein aus dem Erdmantel

2
Steilwände und Kliffe
Flüsse und Seen auf dem Talboden
Grasebenen mit einzelnen Bäumen
Absinkende Erdkruste, als die Krustenplatten auseinanderwichen

Ausbreitung von Samen
Auf den Hinterbeinen stehend erreicht ein Elefantenbulle die hohen Äste der Akazie. Elefanten lieben Akazienschoten, die sie gierig mit dem Rüssel abrupfen und sich ins Maul stopfen. Die Schoten werden im Magen aufgelöst, während die Samen oft mit dem Dung ausgeschieden werden und dann an Ort und Stelle keimen können. So sorgen die Elefanten für eine Verbreitung der Akazien.

Scheinfrucht und Samen

Schoten sind gerade oder gebogen.

Schoten platzen, wenn die Samen reif sind.

Leuchtend rote Scheinfrüchte locken Insekten und Vögel an.

Begehrte Scheinfrüchte
Akaziensamen sind von Schoten umhüllt, die auf dem Baum oder am Boden platzen. Weil die Samen reichlich Nährstoffe enthalten, werden sie von vielen Tieren gerne verzehrt. Akazien wachsen in vielen warmen Gebieten der Erde. In Australien haben die Samen fleischige Hüllen, die als Scheinfrüchte bezeichnet werden. Diese werden leuchtend rot, sobald die Samen reif sind.

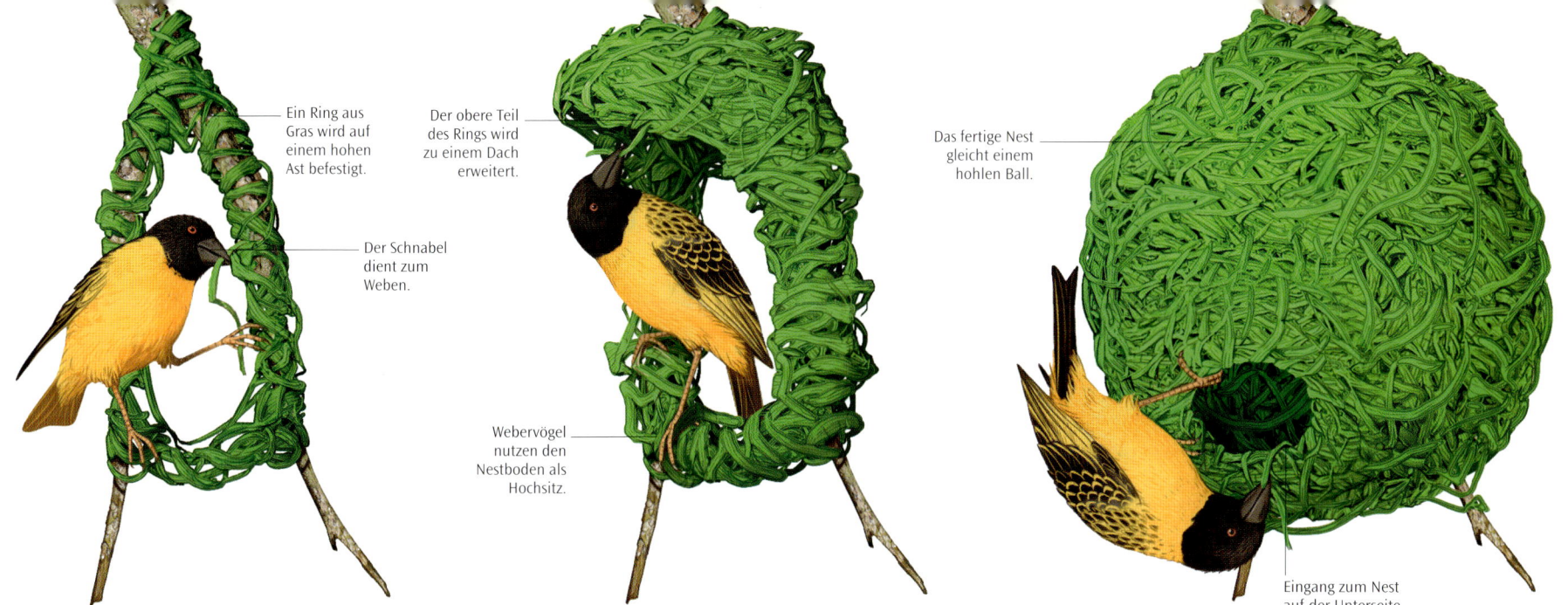

Ein Ring aus Gras wird auf einem hohen Ast befestigt.

Der Schnabel dient zum Weben.

Der obere Teil des Rings wird zu einem Dach erweitert.

Webervögel nutzen den Nestboden als Hochsitz.

Das fertige Nest gleicht einem hohlen Ball.

Eingang zum Nest auf der Unterseite

Webervögel bei der Arbeit

Webervögel sind Samenfresser und bauen ihre Nester aus Pflanzenresten und Gras. Jede Webervogelart baut auf ihre Weise Nester, meistens sind es die Männchen. Sie beginnen mit einem Ring, der fest mit einem Ast verbunden wird, und „weben" um ihn herum weiter. Ist das Nest fertig, laden sie das Weibchen zum Einzug ein.

Fürsorgliche Krokodile

Verglichen mit anderen Reptilien dieser Gegend sind Krokodile sehr fürsorgliche Eltern. Sie legen ihre Eier in den warmen Ufersand und bewachen sie, bis die Jungen schlüpfen. Sobald sie die Schale durchbrochen haben, trägt sie die Mutter in ihrem Maul zum Wasser.

In Form

Giraffen lieben die leckeren Blätter der Akazien. Dank ihrer langen Zunge und der ledrigen Lippen machen ihnen die spitzen Dornen nichts aus. Im Lauf der Jahre „trimmen" die Giraffen viele Akazien auf ihre typische Schirmform zurecht.

Aufgeschnittener Fuß des Dorns mit Nest

Spitzer, hohler Dorn

Akazien und Ameisen

Einige afrikanische Akazienarten haben hohle Verdickungen an der Dornbasis. Sie werden von bestimmten Ameisen bewohnt, die hier ihr Leben verbringen. Will ein Tier sich über ein Akazienblatt hermachen, huscht die Ameise aus ihrer Höhle und beißt zu – sie verteidigt die Akazie als Ausgleich für die Unterkunft, die ihr der Baum gewährt.

Kauai
Niihau
Oahu
Molokai
Lanai
Maui
Kahoolawe
PAZIFISCHER OZEAN
Hawaii
Mauna Loa

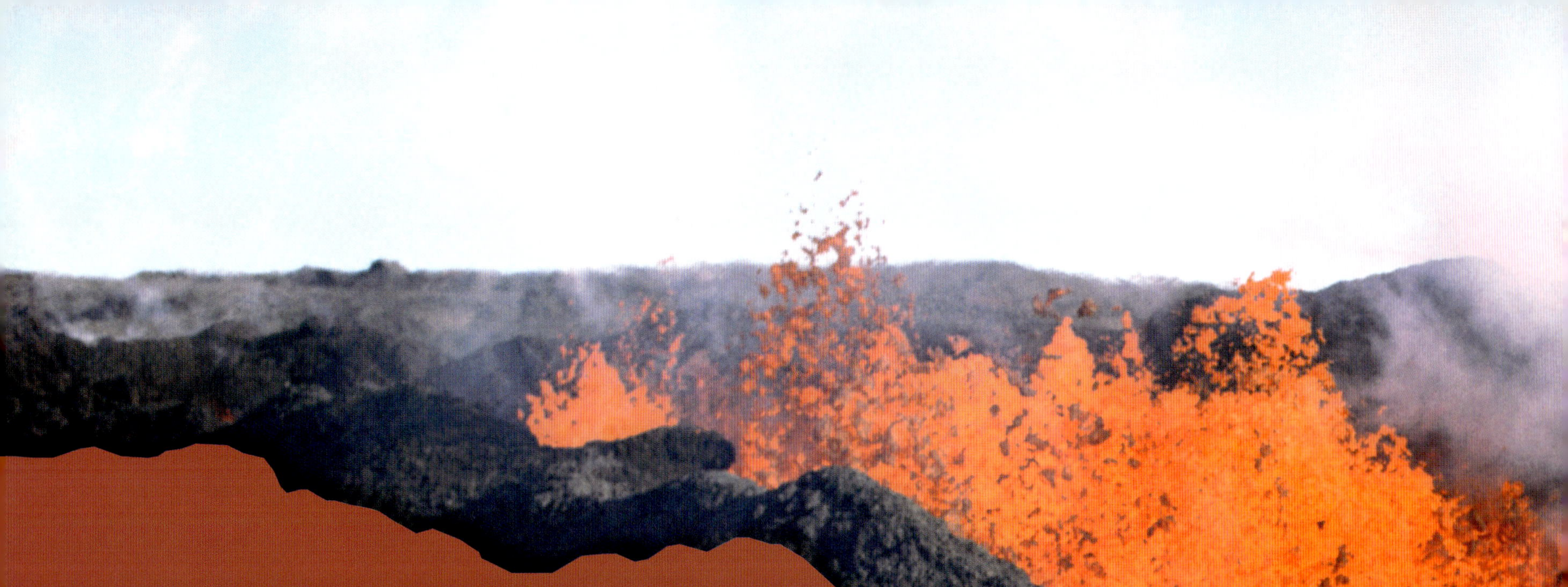

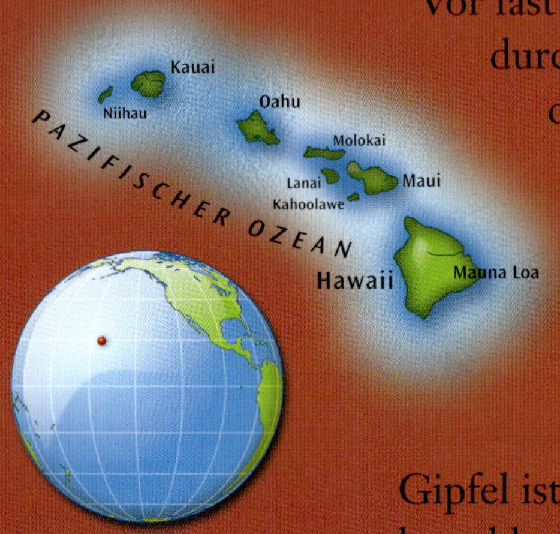

Vor fast einer Million Jahre durchbrach ein neuer Vulkan den Meeresboden des Pazifischen Ozeans. 600 000 Jahre danach war er schon so groß geworden, dass sich seine rot glühenden Lavamassen über den Meeresspiegel erhoben. Heute thront der 9000 m hohe Mauna Loa über der Insel Hawaii. Gemessen vom Meeresboden bis zum Gipfel ist es der größte aktive Vulkan der Erde. An seinen bewaldeten Berghängen leben zahlreiche seltene Tier- und Pflanzenarten.

Mauna Loa

Temperatursturz

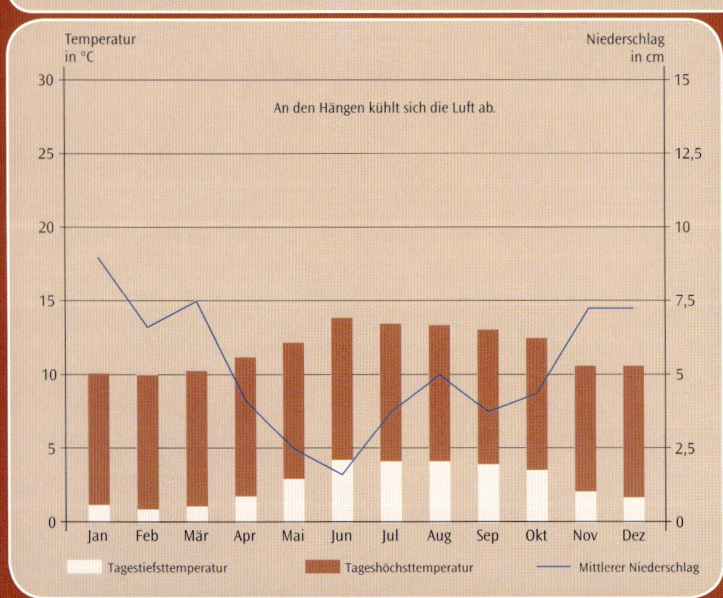

Temperatur in °C
Niederschlag in cm
An den Hängen kühlt sich die Luft ab.
30
25
20
15
10
5
0
15
12,5
10
7,5
5
2,5
0
Jan
Feb
Mär
Apr
Mai
Jun
Jul
Aug
Sep
Okt
Nov
Dez
Tagestiefsttemperatur
Tageshöchsttemperatur
Mittlerer Niederschlag

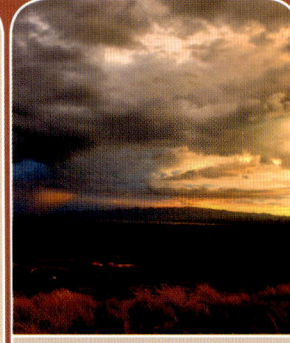

Regenfänger
Im Gegensatz zu den sonnenverwöhnten Stränden sind die Osthänge des Mauna Loa oft wolkenverhangen und verregnet. Während der kühlen Wintermonate fällt sogar manchmal Schnee.

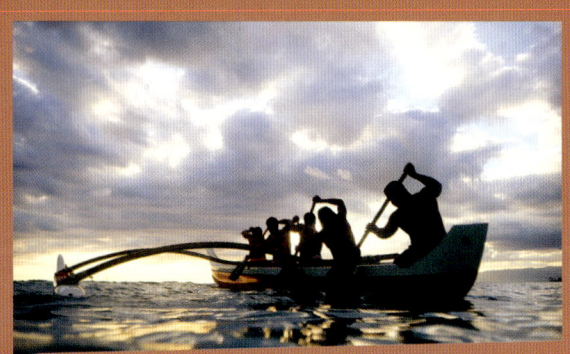

Die ersten Hawaiianer
Die ersten Siedler auf Hawaii waren Polynesier. Sie waren ausgezeichnete Seefahrer, die vor 1200 bis 1500 Jahren mit Booten hier ankamen. Heute sind die Inseln ein beliebtes Urlaubsziel. Nur noch wenige Fischer gehen in traditionellen Kanus ihrem alten Beruf nach.

Gesichter eines Vulkans

Riesiger Krater
Dieses Luftbild des Mauna Loa zeigt seinen rund 5 km breiten Krater. Er bildete sich vor etwa 1000 Jahren bei einem Ausbruch in der Gipfelregion. Nach dem Abfließen der Lavamassen brach der Vulkangipfel ein.

Schnell fließende Lava
Trotz seiner Größe ist der Mauna Loa nicht sehr gefährlich. Seine Lava ist dünnflüssig und fließt leicht aus dem Krater heraus. Dadurch kann sich im Vulkanschlot kein so großer Druck aufbauen, dass Explosionen drohen.

Lavagestein
Beim Abkühlen erstarrt die Lava zu einem dunklen Gestein, entweder in Form zerklüfteter Blöcke (Blocklava) oder in einer seilartig gefalteten Oberfläche (Stricklava). Die Hawaiianer nennen die beiden Formen Aa-Lava oder Pahoehoe-Lava.

Lava und Pflanzen
Lava ist ein sehr mineral- und nährstoffreiches Material. Während die jungen Lavafelder am Mauna Loa noch kahl sind, sprießen aus den älteren überall Pflanzen. Viele auf Hawaii wachsende Pflanzen gedeihen nur dort.

Heiße Ströme
Der letzte große Ausbruch am Mauna Loa fand 1984 statt. Es war ein beeindruckendes Schauspiel, bei dem aber niemand verletzt wurde, weil die Lavaströme weithin sichtbar waren, sodass man ihnen aus dem Weg gehen konnte. Während früherer Ausbrüche kamen aber ganze Siedlungen zu Schaden, als Lavaströme die Hänge hinabflossen.

▼ Olapa-Baum
Wegen der ständig zitternden Blätter und seiner Größe ist er leicht zu erkennen.

▼ Sumpfohreule
Die lautlose Jägerin hat ihren Namen von den beiden Federbüscheln, die wie Ohren aussehen.

▼ Hawaii-Bussard
Der ortstreue Bussard mit seiner schrillen Stimme jagt größere Insekten und kleinere Vögel.

◄ Hawaii-Krähe
Kräftiger und schneller Vogel, der mit seiner lauten, kreischenden Stimme überall auffällt.

◄ Hawaii-Stechpalme
Dieser verbreitete Baum erreicht 18 m Höhe. Er hat glatte Blätter und treibt büschelweise Blüten aus.

◄ Hawaii-Drossel
Sie ist bekannt für ihre melodischen Lieder und dafür, dass sie im Sitzen gern mit ihren Flügeln wackelt.

▲ Kakaemoa
Diese Pflanze gibt es in Strauch- und in Baumform. Ihre Blätter zeigen auffällig nach unten.

◄ Kleidervogel
Mi dem langen gebogenen Schnabel ernährt er sich vom Nektar großer Blüten.

Kamehameha-Falter ►
Er ist einer von zwei einheimischen Schmetterlingen auf Hawaii und ernährt sich von Baumsaft.

Moskito ►
Die Weibchen dieser winzigen Mücke saugen sowohl Blut als auch Blütennektar.

◄ Verwildertes Schwein
Diese ehemaligen Hausschweine machen sich über Wurzeln, Früchte und andere Pflanzenteile her.

Pazifische Ratte ▼
Sie wird in der Dämmerung aktiv und frisst Insekten, Blätter und Würmer – in schlechten Zeiten auch Rinde.

▲ Hapu'u
Hawaiis größter Baumfarn ist einzigartig auf den Inseln, er kann bis zu 9 m hoch wachsen.

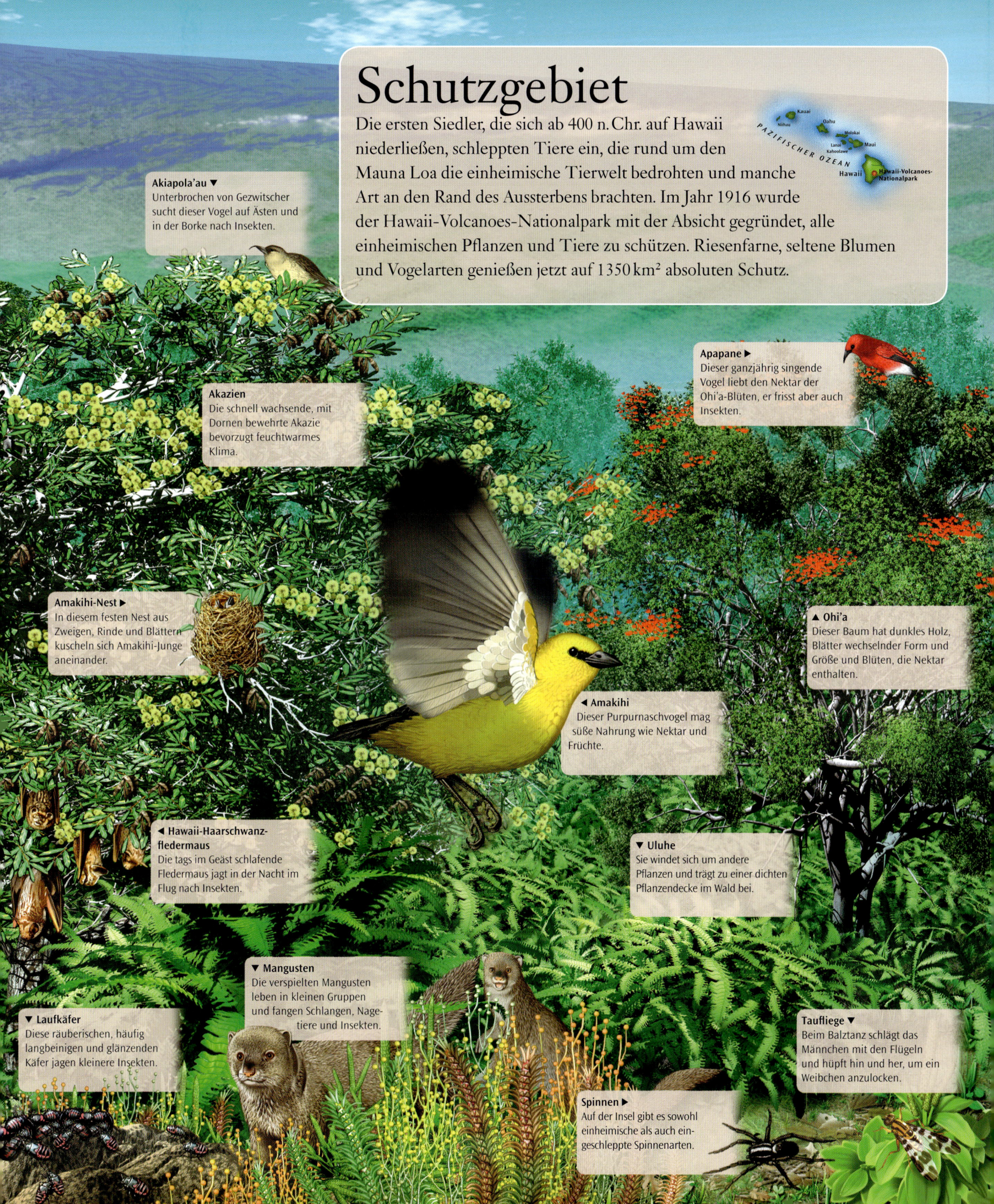

Schutzgebiet

Die ersten Siedler, die sich ab 400 n. Chr. auf Hawaii niederließen, schleppten Tiere ein, die rund um den Mauna Loa die einheimische Tierwelt bedrohten und manche Art an den Rand des Aussterbens brachten. Im Jahr 1916 wurde der Hawaii-Volcanoes-Nationalpark mit der Absicht gegründet, alle einheimischen Pflanzen und Tiere zu schützen. Riesenfarne, seltene Blumen und Vogelarten genießen jetzt auf 1350 km² absoluten Schutz.

PAZIFISCHER OZEAN — Kauai, Niihau, Oahu, Molokai, Lanai, Kahoolawe, Maui, Hawaii, Hawaii-Volcanoes-Nationalpark

Akiapola'au ▼
Unterbrochen von Gezwitscher sucht dieser Vogel auf Ästen und in der Borke nach Insekten.

Apapane ▶
Dieser ganzjährig singende Vogel liebt den Nektar der Ohi'a-Blüten, er frisst aber auch Insekten.

Akazien
Die schnell wachsende, mit Dornen bewehrte Akazie bevorzugt feuchtwarmes Klima.

Amakihi-Nest ▶
In diesem festen Nest aus Zweigen, Rinde und Blättern kuscheln sich Amakihi-Junge aneinander.

▲ Ohi'a
Dieser Baum hat dunkles Holz, Blätter wechselnder Form und Größe und Blüten, die Nektar enthalten.

◀ Amakihi
Dieser Purpurnaschvogel mag süße Nahrung wie Nektar und Früchte.

◀ Hawaii-Haarschwanz-fledermaus
Die tags im Geäst schlafende Fledermaus jagt in der Nacht im Flug nach Insekten.

▼ Uluhe
Sie windet sich um andere Pflanzen und trägt zu einer dichten Pflanzendecke im Wald bei.

▼ Mangusten
Die verspielten Mangusten leben in kleinen Gruppen und fangen Schlangen, Nage-tiere und Insekten.

▼ Laufkäfer
Diese räuberischen, häufig langbeinigen und glänzenden Käfer jagen kleinere Insekten.

Taufliege ▼
Beim Balztanz schlägt das Männchen mit den Flügeln und hüpft hin und her, um ein Weibchen anzulocken.

Spinnen ▶
Auf der Insel gibt es sowohl einheimische als auch ein-geschleppte Spinnenarten.

Leben auf Lava

Es vergehen hunderte von Jahren, ehe eine Lavadecke von Pflanzen besiedelt wird. Nachdem die Lava abgekühlt und erstarrt ist, krallen sich Farne in Spalten fest und sorgen für die ersten grünen Flecken. Danach folgen zögernd die nächsten Pflanzen und die ersten Tiere. Das Ganze ist ein empfindlicher Vorgang, der leicht scheitern kann, etwa wenn fremdartige Pflanzen- oder Tierarten eingeschleppt werden. Am Mauna Loa haben die Behörden deshalb Schutzgebiete für einheimische Pflanzen und Tiere ausgewiesen.

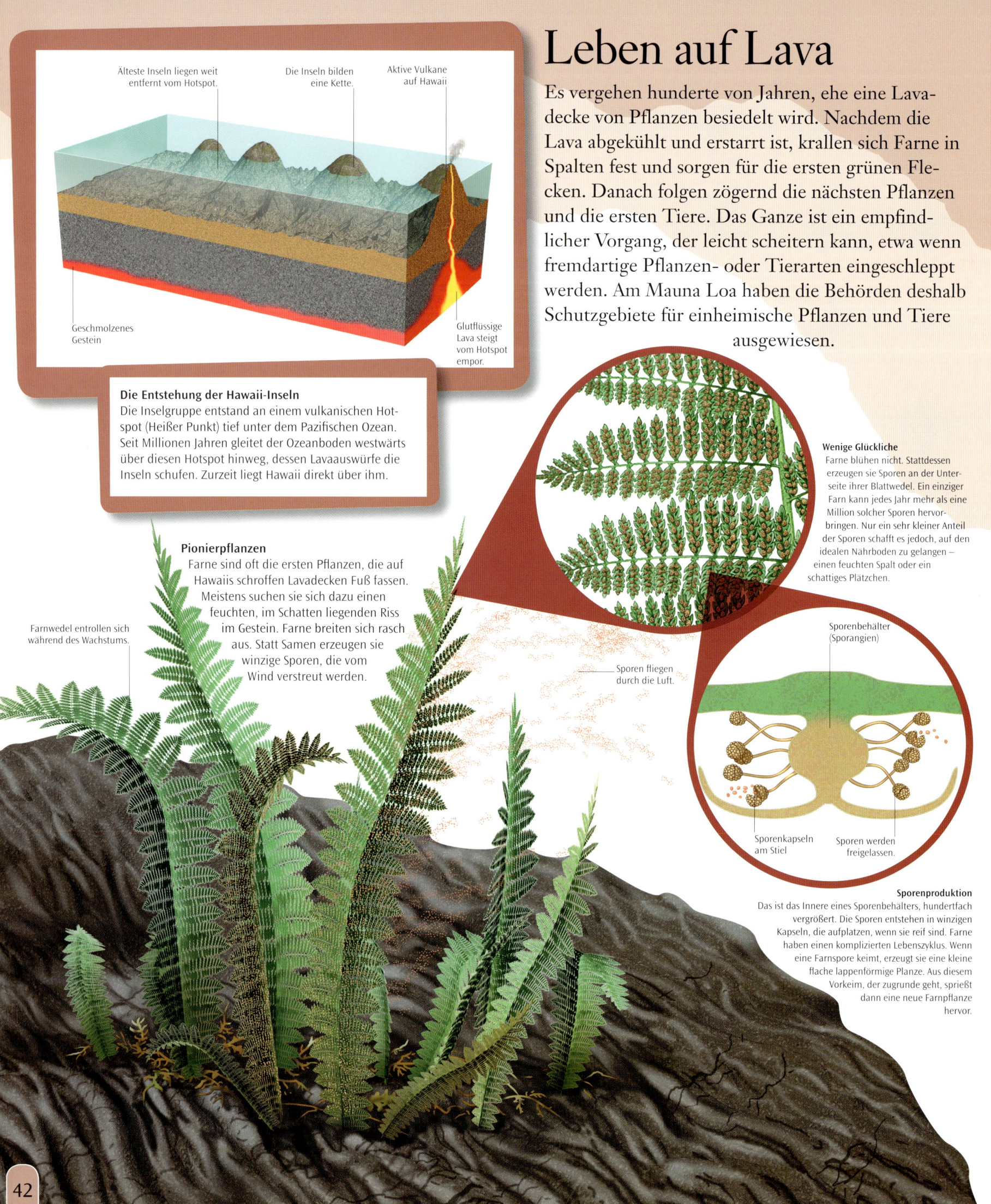

Älteste Inseln liegen weit entfernt vom Hotspot.

Die Inseln bilden eine Kette.

Aktive Vulkane auf Hawaii

Geschmolzenes Gestein

Glutflüssige Lava steigt vom Hotspot empor.

Die Entstehung der Hawaii-Inseln
Die Inselgruppe entstand an einem vulkanischen Hotspot (Heißer Punkt) tief unter dem Pazifischen Ozean. Seit Millionen Jahren gleitet der Ozeanboden westwärts über diesen Hotspot hinweg, dessen Lavaauswürfe die Inseln schufen. Zurzeit liegt Hawaii direkt über ihm.

Pionierpflanzen
Farne sind oft die ersten Pflanzen, die auf Hawaiis schroffen Lavadecken Fuß fassen. Meistens suchen sie sich dazu einen feuchten, im Schatten liegenden Riss im Gestein. Farne breiten sich rasch aus. Statt Samen erzeugen sie winzige Sporen, die vom Wind verstreut werden.

Farnwedel entrollen sich während des Wachstums.

Wenige Glückliche
Farne blühen nicht. Stattdessen erzeugen sie Sporen an der Unterseite ihrer Blattwedel. Ein einziger Farn kann jedes Jahr mehr als eine Million solcher Sporen hervorbringen. Nur ein sehr kleiner Anteil der Sporen schafft es jedoch, auf den idealen Nährboden zu gelangen – einen feuchten Spalt oder ein schattiges Plätzchen.

Sporen fliegen durch die Luft.

Sporenbehälter (Sporangien)

Sporenkapseln am Stiel

Sporen werden freigelassen.

Sporenproduktion
Das ist das Innere eines Sporenbehälters, hundertfach vergrößert. Die Sporen entstehen in winzigen Kapseln, die aufplatzen, wenn sie reif sind. Farne haben einen komplizierten Lebenszyklus. Wenn eine Farnspore keimt, erzeugt sie eine kleine flache lappenförmige Planze. Aus diesem Vorkeim, der zugrunde geht, sprießt dann eine neue Farnpflanze hervor.

Lavaröhren

Unter den ausgedehnten Lavadecken Hawaiis liegen riesige Lavaröhren verborgen, die tunnelartig das Vulkangestein durchziehen. Sie sind die Überreste von einst unterirdisch fließenden Lavaströmen. Die Oberfläche der Lavadecke erkaltete und erstarrte rasch, während jene Ströme noch lange heiß blieben. Eine der Lavaröhren des Mauna Loa reicht bis zur Küste und ist fast 50 km lang. Sie geht auf einen großen Ausbruch vor mehr als einem Jahrhundert zurück.

Unerwünschte Eindringlinge

Verwilderte Hausschweine
Polynesische Seefahrer brachten vor über 1500 Jahren Schweine auf die Inseln mit. Seitdem sind viele ausgebrochen und in der Wildnis untergetaucht. Diese Schweine wühlen vielerorts den Boden um und vernichten dabei bedrohte Pflanzen.

Ratten
Zu Zeiten der großen Segelschiffe waren Ratten als blinde Passagiere an Bord. Viele von ihnen kamen an Land. Sie verbreiteten sich allmählich über alle Inseln Hawaiis und plünderten die Nester der einheimischen Vögel.

Wildhunde
Für sehr seltene Vögel wie die Hawaii-Gans – den Wappenvogel Hawaiis – sind herumstreunende Wildhunde eine große Bedrohung. Besonders gefährdet sind die Nester der Gänse auf dem Boden.

Argentinische Ameise
Vor der Ankunft der Menschen gab es keine Ameisen auf den Inseln. Heute leben hier über 40 verschiedene Arten. Die Argentinische Ameise frisst vielen einheimischen Insekten das Futter weg.

Bedrohte Tiere und Pflanzen

Laysan-Ente
Diese seltene Entenart lebt auf der Insel Laysan im Westen der Inselkette. Nach der Einführung von Kaninchen fiel in den Jahren nach 1950 die Zahl der Enten auf 33. Dank großer Bemühungen ist ihre Zahl heute mit 500 Enten stabil.

Silberschwert
Diese Verwandte der Sonnenblume hat pelzige Blätter und wächst nahe des Mauna Loa. Ziegen und Schafe fressen sie gern, weshalb man hunderte Exemplare zum Schutz vor diesen Nutztieren eingezäunt hat.

Koa-Käfer
War dieser Käfer früher allgegenwärtig auf den Inseln, so ist er heute selten geworden. Niemand weiß den genauen Grund, einige Biologen meinen, dass er von Parasiten befallen wird, die zufällig auf die Inseln gelangt sind.

Akiapola'au
Dieser Waldvogel ist von der Vogelmalaria bedroht – einer Krankheit, die von Mücken übertragen wird. Früher gab es auf den Inseln weder Mücken noch Malaria. Die Vögel haben daher keine Abwehrkräfte entwickelt.

Unterwasserwelten

Die Palmeninsel vor der Nordostküste Australiens verfügt über paradiesische Strände. Als 1770 der Entdecker Kapitän Cook die Palmen der Insel sah, gab er ihr den passenden Namen. Entlang der Sandstrände leben verschiedene Meeresbewohner in dem klaren, warmen Wasser. Seegras, Schwämme und Seesterne bevölkern den Meeresboden. Haie und Schildkröten schwimmen über farbenfrohe Korallen und Klaffmuscheln hinweg, während Fischschwärme und Delfine durch das Riff huschen.

▼ Hornkoralle
Der Bau dieser Koralle ist denkbar einfach: gerade und ohne Äste. Sie wächst in Kolonien.

◄ Suppenschildkröte
Eine der größten Meeresschildkröten, die ein Gewicht von 180 kg und 1 m Länge erreichen kann.

▲ Gelbschwanz-Füsilier
Die Fische werden bis zu 25 cm lang. In Gruppen suchen sie Schutz zwischen Korallen und Felsen.

Dornenkronenseestern ▲
Der mit spitzen Dornen bewehrte Seestern frisst Steinkorallen und zieht ruhiges Wasser vor.

Gefleckte Riffkrabbe ►
Riffbewohner, der mit seinen großen Zangen Pflanzen und tote Fische packt.

Gestreifte Grundel ▲
Die sehr unauffällige Grundel liebt ruhiges Wasser und hält sich gern am Grund auf.

Seegras ▲
Als eine der wenigen blühenden Meerwasserpflanzen besiedelt es größere Bereiche des Riffs.

▲ Sonnenlicht
Die Wärme der Sonne lässt die Wassertemperatur am Riff kaum je unter 22° C fallen.

◄ Feuerfisch
Der Feuerfisch hat giftige Stacheln und große Flossen. Flink fängt er seine Beute und verschlingt sie.

▲ Großer Tümmler
Diese Delfine fangen Fische nahe der Oberfläche. Sie sind sehr verspielt und schwimmen in Schulen (Gruppen).

▲ Gesteine
Am Meeresgrund liegen große Granitfelsen, auf deren rauer Oberfläche häufig Wasserpflanzen wachsen.

Seefächer ▶
Fest am Grund verankert, fängt der Seefächer mit seinen Fangarmen kleine Tierchen.

▲ Seestern
Wenn ein Arm abgetrennt wird, wächst ein neuer nach oder es entsteht ein komplett neuer Körper.

◄ Plattwurm
Die ganze Familie der Plattwürmer umfasst rund 20 000 Arten, von Millimeter- bis Meterlänge.

▲ Steinkoralle
Dieser wichtige Riffbestandteil lebt in riesigen Kolonien in allen Teilen des Riffs.

Großes Barriereriff

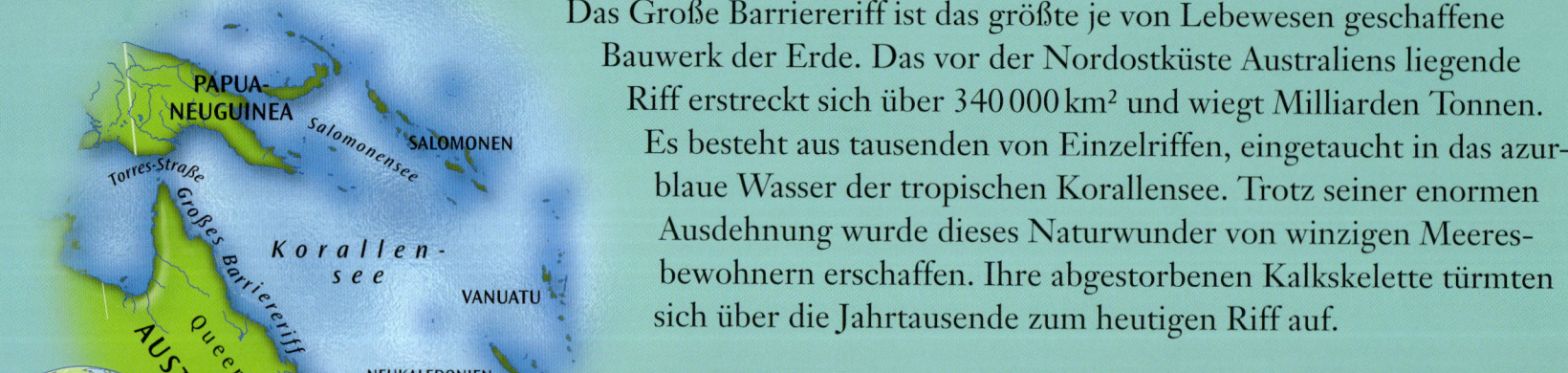

Das Große Barriereriff ist das größte je von Lebewesen geschaffene Bauwerk der Erde. Das vor der Nordostküste Australiens liegende Riff erstreckt sich über 340 000 km² und wiegt Milliarden Tonnen. Es besteht aus tausenden von Einzelriffen, eingetaucht in das azurblaue Wasser der tropischen Korallensee. Trotz seiner enormen Ausdehnung wurde dieses Naturwunder von winzigen Meeresbewohnern erschaffen. Ihre abgestorbenen Kalkskelette türmten sich über die Jahrtausende zum heutigen Riff auf.

Erkundungsfahrt im Riff

Idyllische Inselwelt
Tausende von Inseln verteilen sich entlang des Riffs. Einige tragen üppigen Pflanzenwuchs, andere sind kleine Inselchen, die nur aus weißem Korallensand bestehen. Bei Flut verschwinden die flacheren ganz im Wasser.

Meerengen und Strömungen
In Teilen des Riffs sehen tiefe Meerengen aus wie Flüsse zwischen den Korallen. Diese Wasserstraßen sind heute genau in Karten eingezeichnet. Als die ersten Europäer in der Gegend auftauchten, liefen ihre Schiffe oft auf Grund.

Äußeres Riff
Auf der Seeseite wird das Barriereriff ständig von der anrollenden Brandung getroffen. Unter dem Meeresspiegel fällt das Riff steil ab. In diesen Steilwänden treffen sich viele Raubfische wie zum Beispiel Haie zum Jagen.

Inneres Riff
Im Schutz der Brandung gelegen, ist es am inneren Riff ruhig. Das Meer ist häufig flach, Korallengärten wechseln mit offenen Korallensandbereichen. Bei Ebbe ragt manche zerbrechliche Korallenriffkrone aus dem Wasser.

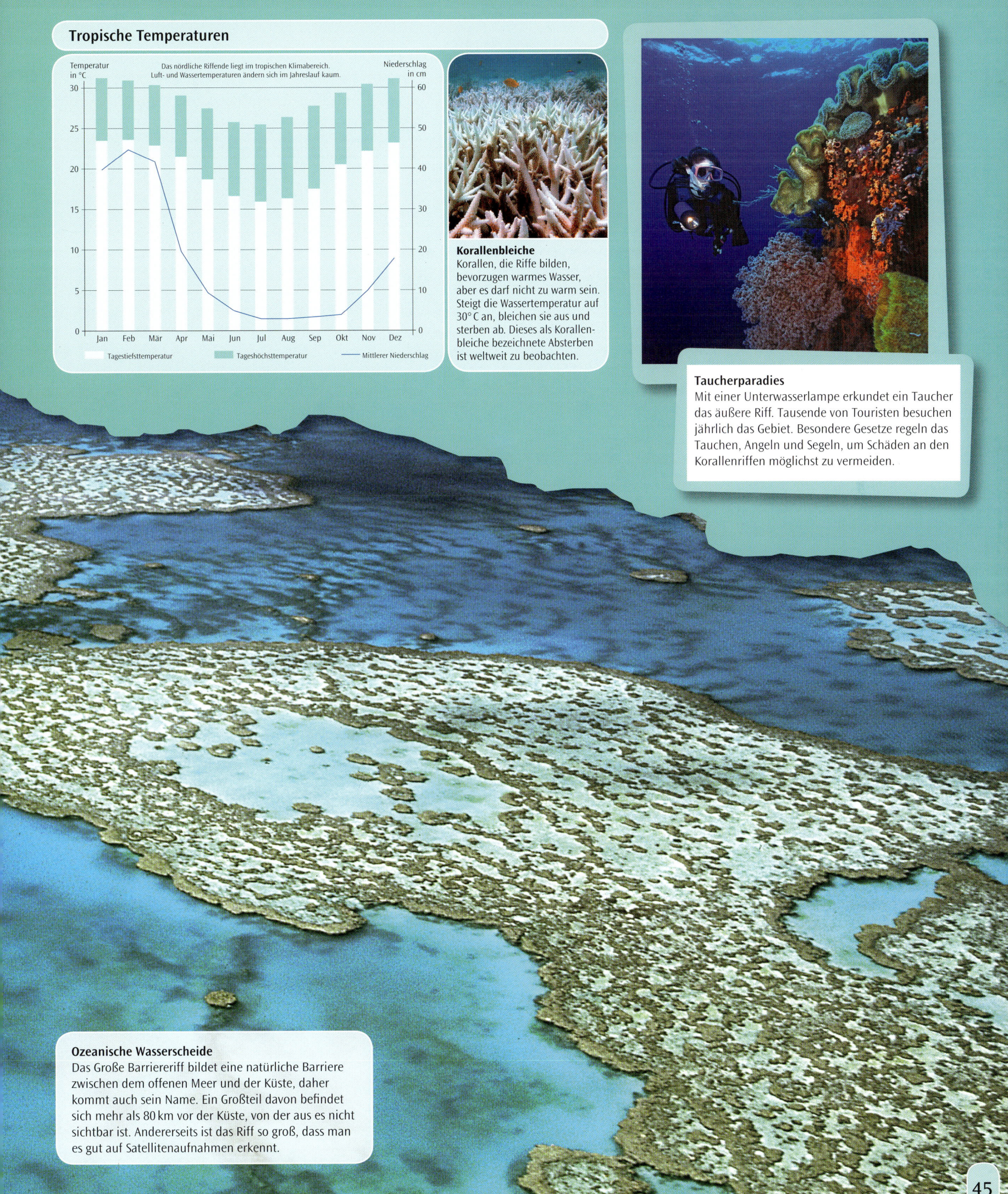

Tropische Temperaturen

Temperatur in °C	Niederschlag in cm

Das nördliche Riffende liegt im tropischen Klimabereich. Luft- und Wassertemperaturen ändern sich im Jahreslauf kaum.

□ Tagestiefsttemperatur ▨ Tageshöchsttemperatur — Mittlerer Niederschlag

Korallenbleiche
Korallen, die Riffe bilden, bevorzugen warmes Wasser, aber es darf nicht zu warm sein. Steigt die Wassertemperatur auf 30° C an, bleichen sie aus und sterben ab. Dieses als Korallenbleiche bezeichnete Absterben ist weltweit zu beobachten.

Taucherparadies
Mit einer Unterwasserlampe erkundet ein Taucher das äußere Riff. Tausende von Touristen besuchen jährlich das Gebiet. Besondere Gesetze regeln das Tauchen, Angeln und Segeln, um Schäden an den Korallenriffen möglichst zu vermeiden.

Ozeanische Wasserscheide
Das Große Barriereriff bildet eine natürliche Barriere zwischen dem offenen Meer und der Küste, daher kommt auch sein Name. Ein Großteil davon befindet sich mehr als 80 km vor der Küste, von der aus es nicht sichtbar ist. Andererseits ist das Riff so groß, dass man es gut auf Satellitenaufnahmen erkennt.

▼ Goldstreifen-Falterfisch
Der scheue Falterfisch sucht im Boden nach Würmern und an der Wasseroberfläche nach Insekten.

▼ Gelbflossen-Papageifisch
Seine Zähne erinnern an einen Papageienschnabel. Tags grast er am Riff, nachts schläft er am Meeresboden.

Sepie (Tintenfisch) ▲
Ihr Spitzname „Seechamäleon" verrät, dass sie zur Tarnung ihre Hautfarbe wechseln kann.

Gestreifter Kugelfisch ▼
Bei Bedrohung blähen sich die Kugelfische ballonartig auf, um viel größer zu wirken.

Putzerlippfisch ▲
Diese Fische unterhalten „Putzstationen", an denen sich andere Fische von ihnen säubern lassen.

Fächer-Röhrenwurm ▶
Die Röhrenwürmer filtern mit ihren Fächern Nährstoffe und winzige Organismen aus dem Wasser.

▲ Blaustreifen-Kaninchenfisch
Bei Gefahr stellt dieser Fisch blitzschnell seine Giftstacheln auf, um sich zu verteidigen.

Seeanemonen ▶
Mit einer Saugscheibe an Felsen festgeklammert, greifen sie sich winzige Tierchen mit ihren Fangarmen.

Halsband-Anemonenfisch ▲
Er hält sich stets zwischen den Tentakeln der Seeanemone auf, die ihn beschützt. Dafür säubert er sie.

◀ Seeigel
Die Stachelhäuter weiden den Meeresgrund gemächlich nach Algen ab.

▲ Kreiselschnecken
Diese Meeresschnecken mit ihrem kegelförmigen Gehäuse weiden Algen auf Felsen ab.

Barrakudas ▶
Plötzlich schießen sie auf ihre
Beute zu und packen sie mit
ihren spitzen Zähnen.

▼ Schwarzspitzen-Riffhai
Ein häufiger Besucher des Riffs.
Der Hai wird 2 m lang, schwimmt
einzeln und jagt Fische.

▲ Mantarochen
Der größte aller Rochen wiegt
bis zu 2 Tonnen, dennoch
kann er sogar aus dem Wasser
springen.

▼ Weißsaum-Soldatenfisch
Meist in Höhlen und Spalten des
Riffs versteckt, finden sich diese
Fische zum Fressen in großen
Schulen zusammen.

▼ Teppichhai
Dieser perfekt getarnte Hai liegt
flach am Meeresboden, wo er
auf Beute lauert.

Koralle ▶
Die von winzigen Polypentieren
ausgeschiedenen Kalkskelette
türmen sich mit der Zeit
zu großen Korallenriffen auf.

▼ Perlschuppen-Zwergkaiserfisch
Dieser sanfte Schwimmer ernährt
sich von Schwämmen und wird
höchstens 12 cm lang.

Spanische Tänzerin ▲
Bis zu 40 cm lange Nacktschnecke
(sie hat kein Gehäuse), die sich von
den Wellen treiben lässt.

Köcherbaum

Einer der wenigen Bäume, die hier überleben können, ist der stachlige Köcherbaum. Er wird bis zu 8 m hoch. Der Stamm kann viel Wasser speichern. Jäger höhlen trockene Äste aus, um daraus Köcher für Pfeile zu machen.

Grasebenen

Weiter landeinwärts gibt es ausreichend Feuchtigkeit für Graswuchs. Antilopen, Rinderherden und rund 2500 Geparden leben in den großen Grasebenen. Ein Artenschutzprogramm hat zum Ziel diese bedrohten Großkatzen zu schützen.

Skelettküste

Wegen ihrer Strömungen, des Nebels und des Treibsands ist diese Küste sehr gefährlich. Am Strand liegen rostige Wracks von Schiffen, die auf Grund liefen. Der Name leitet sich von den vielen Opfern ab, die hier ihr Leben ließen.

Alte Gebirge

Das Landesinnere Namibias ist eine faszinierende Landschaft aus stark verwitterten Gebirgsresten. Schlangen, Paviane und Antilopen leben in diesen Bergen. Im Sommer sind die Felsen zu heiß zum Klettern.

Viele Wüsten sind bedeutend größer als die Namib in Afrika, aber nur wenige bieten eine solche Fülle an Naturschönheiten oder exotischen Wildtieren. In der Wüste Namib liegen einige der höchsten Sanddünen der Erde, die sich von der unwirtlichen Atlantikküste bis tief ins Landesinnere ziehen. An der Küste zieht jede Nacht Nebel auf, der für die Tiere und Pflanzen der Namib lebenswichtige Feuchte spendet.

Wüste·Namib

ANGOLA

SAMBIA

Sambesi

SIMBABWE

NAMIBIA

Wüste Namib

BOTSUANA

Kalahari-Wüste

Atlantischer Ozean

Orange

SWASILAND

LESOTHO

SÜDAFRIKA

Wanderdünen

Die höchsten Dünen in der Wüste Namib sind etwa 340 m hoch. Die Höhe schwankt, weil der Wind die Form der Dünen ständig verändert. Jedes Jahr entstehen neue Dünen, denn der Wind weht von der Küste pausenlos Sand heran.

Nebelwüste

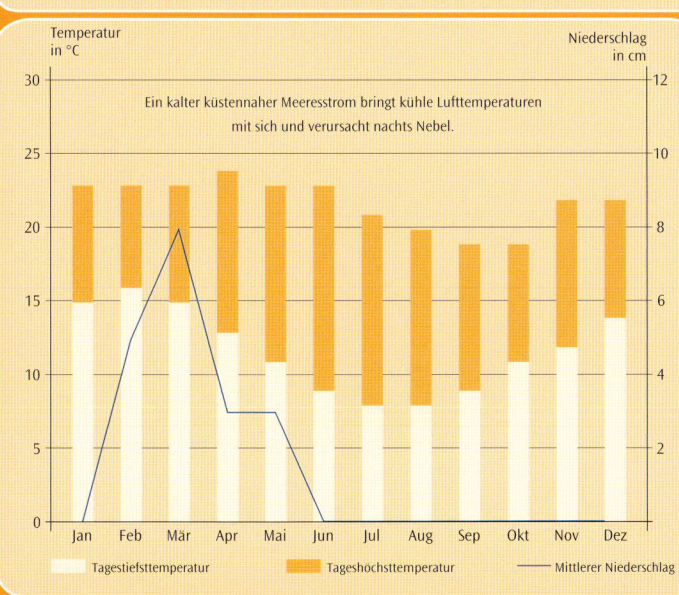

Temperatur in °C

Niederschlag in cm

Ein kalter küstennaher Meeresstrom bringt kühle Lufttemperaturen mit sich und verursacht nachts Nebel.

Jan Feb Mär Apr Mai Jun Jul Aug Sep Okt Nov Dez

☐ Tagestiefsttemperatur ☐ Tageshöchsttemperatur — Mittlerer Niederschlag

Große Trockenheit
Nur etwa alle 10 Jahre fällt so viel Regen, dass sich in der Namib Tümpel bilden. Lediglich in Küstennähe sorgt der Nebel für nennenswerte Feuchtigkeit. Jede Nacht breitet er sich landeinwärts aus, bevor ihn die Sonne aufzehrt.

Ureinwohner Namibias

Die Herero und Himba sind zwei eng verwandte Stämme namibischer Ureinwohner. Sie sind seit jeher Nomaden – eine in diesem Extremklima sehr mühsame Art zu überleben. Die Männer hüten die Herden, die Frauen melken die Tiere. Himba-Frauen bemalen sich mit Ocker (gelbrote Minerale), vermischt mit Butterschmalz.

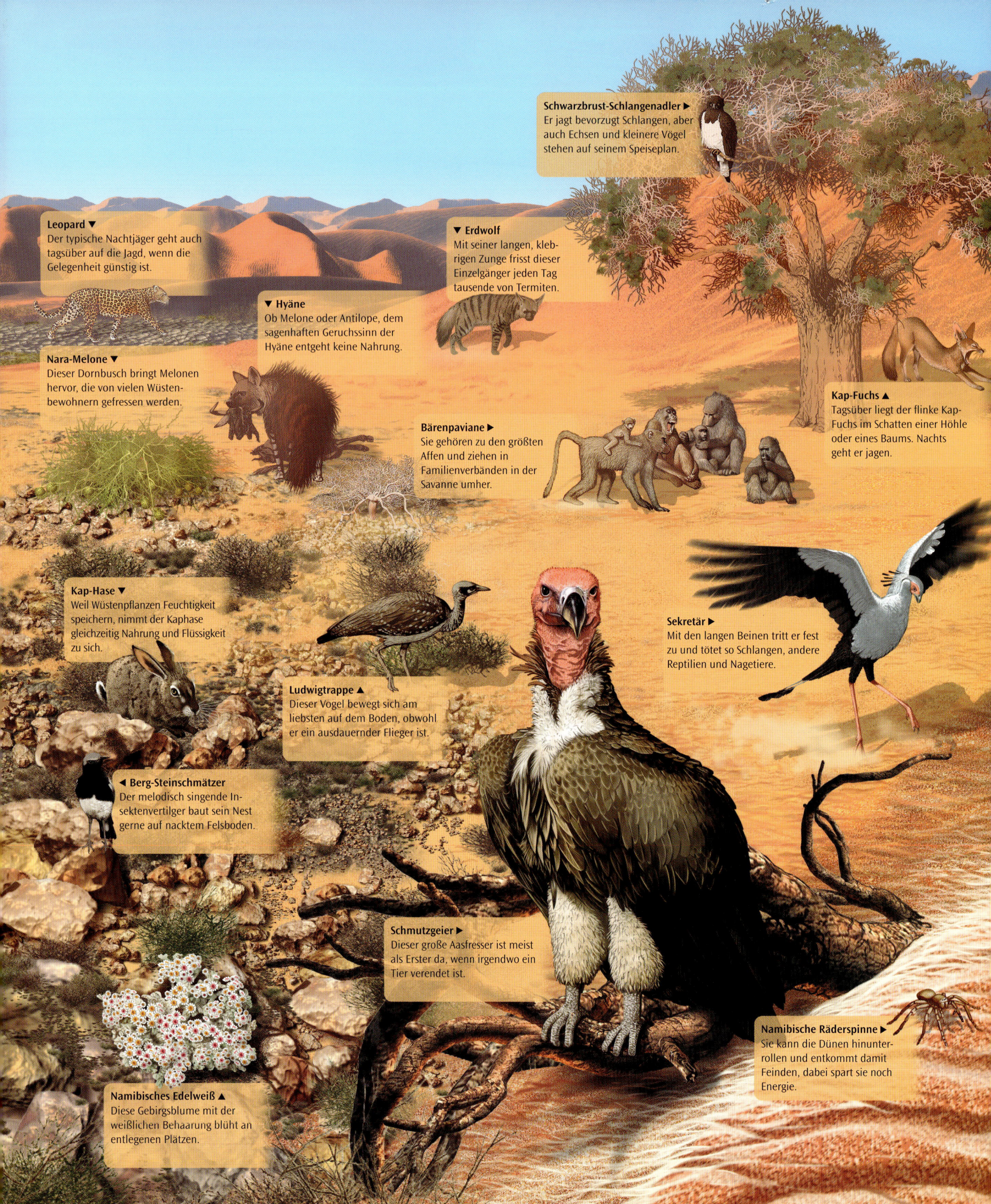

Schwarzbrust-Schlangenadler ▶
Er jagt bevorzugt Schlangen, aber auch Echsen und kleinere Vögel stehen auf seinem Speiseplan.

Leopard ▼
Der typische Nachtjäger geht auch tagsüber auf die Jagd, wenn die Gelegenheit günstig ist.

Erdwolf ▼
Mit seiner langen, klebrigen Zunge frisst dieser Einzelgänger jeden Tag tausende von Termiten.

Hyäne ▼
Ob Melone oder Antilope, dem sagenhaften Geruchssinn der Hyäne entgeht keine Nahrung.

Nara-Melone ▼
Dieser Dornbusch bringt Melonen hervor, die von vielen Wüstenbewohnern gefressen werden.

Kap-Fuchs ▲
Tagsüber liegt der flinke Kap-Fuchs im Schatten einer Höhle oder eines Baums. Nachts geht er jagen.

Bärenpaviane ▶
Sie gehören zu den größten Affen und ziehen in Familienverbänden in der Savanne umher.

Kap-Hase ▼
Weil Wüstenpflanzen Feuchtigkeit speichern, nimmt der Kaphase gleichzeitig Nahrung und Flüssigkeit zu sich.

Sekretär ▶
Mit den langen Beinen tritt er fest zu und tötet so Schlangen, andere Reptilien und Nagetiere.

Ludwigtrappe ▲
Dieser Vogel bewegt sich am liebsten auf dem Boden, obwohl er ein ausdauernder Flieger ist.

◀ Berg-Steinschmätzer
Der melodisch singende Insektenvertilger baut sein Nest gerne auf nacktem Felsboden.

Schmutzgeier ▶
Dieser große Aasfresser ist meist als Erster da, wenn irgendwo ein Tier verendet ist.

Namibische Räderspinne ▶
Sie kann die Dünen hinunterrollen und entkommt damit Feinden, dabei spart sie noch Energie.

Namibisches Edelweiß ▲
Diese Gebirgsblume mit der weißlichen Behaarung blüht an entlegenen Plätzen.

◄ Kameldornbaum
Während der heißesten Stunden
finden sich stets Tiere in seinem
Schatten ein.

Spießbock ▲
Diese langhörnigen Großantilopen
ziehen in kleinen Gruppen herum
und fressen gerne Melonen.

◄ Strauß
Der bis 150 kg schwere afrikanische Strauß nimmt Wasser
nur über die Nahrung auf.

Springbock ▲
Er zählt zu den kleineren Antilo-
penarten, die gerne zusammen
spielen, springen und rennen.

Zwergpuffotter ▶
Die kleine giftige Viper lauert oft
verborgen unter Sand, um vorbei-
kommende Beutetiere zu beißen.

▼ Peitschennatter
Die Natter mit dem peitschenför-
migen Schwanz flieht schnell auf
Bäume, wenn Gefahr droht.

Karakal ▶
Diese luchsartige Katze kann
lange auf Wasser verzichten. Mit
3 m hohen Sprüngen ergreift
sie Vögel im Flug.

▼ Gang des Wüstengoldmulls
Im Sand angelegte Gänge des
Wüstengoldmulls stürzen leicht
ein, sie sind daher nicht von
langer Dauer.

▼ Schwarzkäfer
Zur heißen Mittagszeit vergräbt er
sich entweder im Sand oder rennt
so schnell, dass ihn der „Fahrtwind"
kühlt.

Dünenbewohner

Die höchsten Sanddünen weltweit stehen im Sossusvlei,
einem ausgetrockneten See im Süden der Namib.
Trotz des lebensfeindlichen Umfelds leben hier
verschiedene Tiere und Pflanzen. Sie haben es
geschafft, sich durch geschickte Anpassung die
wenigen Nahrungs- und Wasserquellen dieser
Ödnis zu erschließen.

ANGOLA
SAMBIA
Sambesi
SIMBABWE
NAMIBIA
Wüste Namib
BOTSUANA
Kalahari-
Wüste
Atlantischer Ozean
SWASILAND
Sossusvlei
Orange
LESOTHO
SÜDAFRIKA

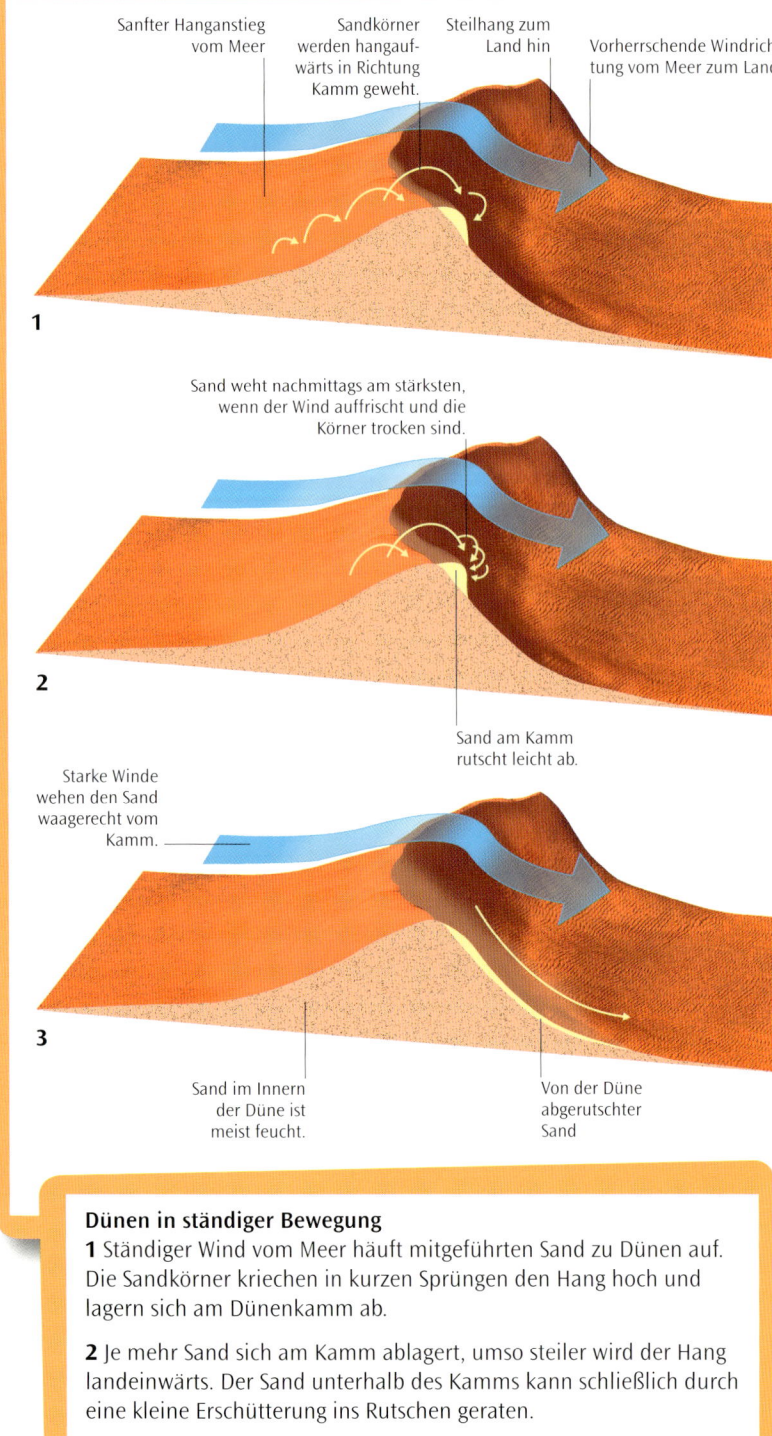

Sanfter Hanganstieg vom Meer

Sandkörner werden hangaufwärts in Richtung Kamm geweht.

Steilhang zum Land hin

Vorherrschende Windrichtung vom Meer zum Land

1

Sand weht nachmittags am stärksten, wenn der Wind auffrischt und die Körner trocken sind.

2

Sand am Kamm rutscht leicht ab.

Starke Winde wehen den Sand waagerecht vom Kamm.

3

Sand im Innern der Düne ist meist feucht.

Von der Düne abgerutschter Sand

Dünen in ständiger Bewegung

1 Ständiger Wind vom Meer häuft mitgeführten Sand zu Dünen auf. Die Sandkörner kriechen in kurzen Sprüngen den Hang hoch und lagern sich am Dünenkamm ab.

2 Je mehr Sand sich am Kamm ablagert, umso steiler wird der Hang landeinwärts. Der Sand unterhalb des Kamms kann schließlich durch eine kleine Erschütterung ins Rutschen geraten.

3 Plötzlich bricht eine kleine Sandlawine los und rutscht ab. Jedes Mal „wandert" die Düne dabei ein winziges Stück landeinwärts. Währenddessen entstehen neue Dünen.

Aufgeschütteter Sand verrät, wo der Goldmull gegraben hat.

Nebel schlägt sich auf dem Käfer nieder.

Wassertropfen am Kopf des Käfers

Überleben im Sand

Die Dünen der Namib haben eine große Formenvielfalt – und sie sind ständig auf Wanderschaft. Sie zu erklettern ist für Menschen mühsam, aber nicht für einige Tiere. Geckos und Käfer krabbeln einfach auf dem Sand, während manche Seitenwinder-Schlangen wie ein Seil vorwärts schnellen. Der Wüstengoldmull dagegen hat eine unterirdische Lösung gefunden: Er „schwimmt" unter der Sandoberfläche.

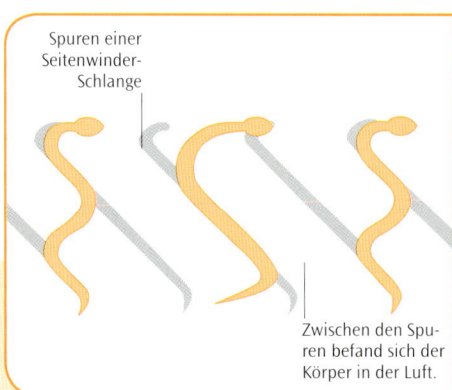

Spuren einer Seitenwinder-Schlange

Zwischen den Spuren befand sich der Körper in der Luft.

Seitenwinder-Schlangen

Die meisten Schlangen schlängeln sich mit dem Kopf voran vorwärts. In der Namib-Wüste hat die Zwergpuffotter eine andere Methode der Fortbewegung entwickelt, das Seitenwinden. Dabei wirft sie ihren Kopf ein Stück weit seitlich, stemmt Kopf und Hals fest gegen den Boden und zieht den Körper nach, bis der Schwanz auf gleicher Höhe ist. Dann stützt sich der Schwanzteil ab, sodass der Kopf erneut vorgeworfen werden kann. Beim Seitenwinden wird der heiße Sandboden kaum berührt, der Körper bleibt kühl. Auch die Seitenwinder-Klapperschlange beherrscht diese Technik.

Geschickt trinken

Der Schwarzkäfer benutzt einen Trick, um an Wasser zu kommen. Am Abend klettert er die Dünen bis zum Kamm hoch und streckt seinen Rücken in den heranwehenden Seewind. Sobald der Nebel vom Meer aufzieht, schlägt er sich auf dem Käferrücken nieder. Wenn der Käfer sich nach vorn neigt, laufen winzige Tröpfchen bis zur Mundöffnung und stillen seinen Durst.

Unterschiedliche Arten von Dünen

Sicheldünen (Barchane)
Aus der Luft sehen Barchane wie ein „C" aus. Die Spitzen des C sind vom Wind abgewandt und zeigen in Wanderrichtung der Düne. Sicheldünen können 100 m von Ende zu Ende messen.

Reihendünen (Transversaldünen)
Diese Dünen stehen in parallelen Reihen und rechtwinklig zur Windrichtung. Anders als Barchane sind sie zwar langsam, können aber Längen von mehr als 50 km erreichen.

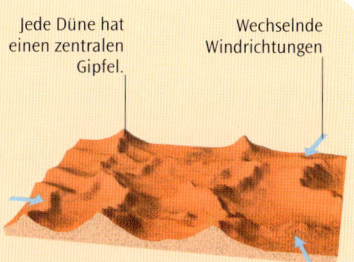

Sterndünen (Kreuzdünen)
Sie sind die höchsten aller Dünen und entstehen durch Winde aus wechselnden Richtungen, die den Sand zu hohen Hügeln anhäufen. Sterndünen haben viele Kämme und Hänge.

Angriff aus dem Untergrund

Die Wüstengoldmulle jagen Geckos und Termiten, indem sie sich von unten anschleichen. Beim Tunnelgraben im Sand halten sie immer wieder an, um zu horchen, ob über ihnen ein Tier läuft. Kommt eines in ihre Reichweite, durchstoßen sie blitzschnell die dünne Sanddecke und schlagen mit den scharfen Zähnen zu.

Nektar naschen

Nicht nur viele Menschen lieben süße Getränke. Die in der Namib lebenden Nektarvögel saugen Nektar aus Blüten der Aloe, zu deren Gruppe auch der Köcherbaum gehört. Die Schnäbel der Nektarvögel sind lang und gebogen, damit sie den Nektar, der am Blütenboden verborgen ist, gut erreichen können.

Gecko mit gespreizten Zehen auf der Jagd nach Insekten

Fell bedeckt die winzigen Augen.

Die Gänge des Wüstengoldmulls stürzen bald wieder ein.

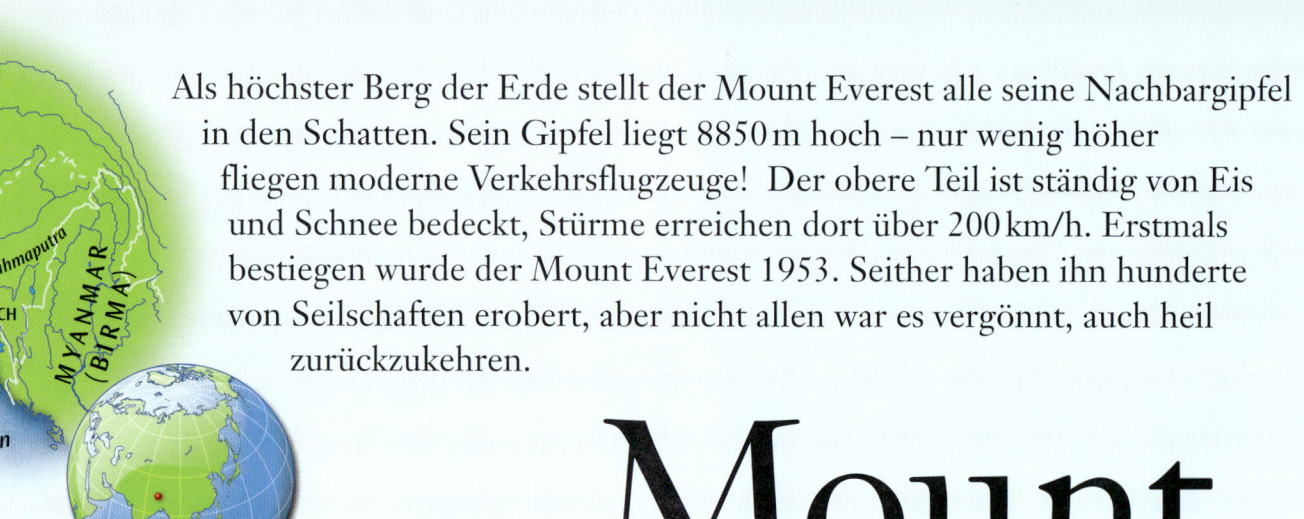

Als höchster Berg der Erde stellt der Mount Everest alle seine Nachbargipfel in den Schatten. Sein Gipfel liegt 8850 m hoch – nur wenig höher fliegen moderne Verkehrsflugzeuge! Der obere Teil ist ständig von Eis und Schnee bedeckt, Stürme erreichen dort über 200 km/h. Erstmals bestiegen wurde der Mount Everest 1953. Seither haben ihn hunderte von Seilschaften erobert, aber nicht allen war es vergönnt, auch heil zurückzukehren.

Mount Everest

Das Dach der Welt

Der Mount Everest ist Teil des Himalaja, der höchsten Gebirgskette der Erde, die sich über acht Länder erstreckt. Sämtliche der hundert höchsten Berge der Erde gehören zum Himalaja. Neben dem Mount Everest gibt es zahllose andere zerklüftete und steile Berggipfel, die noch schwieriger und gefährlicher zu ersteigen sind.

Das Klima am Gipfel

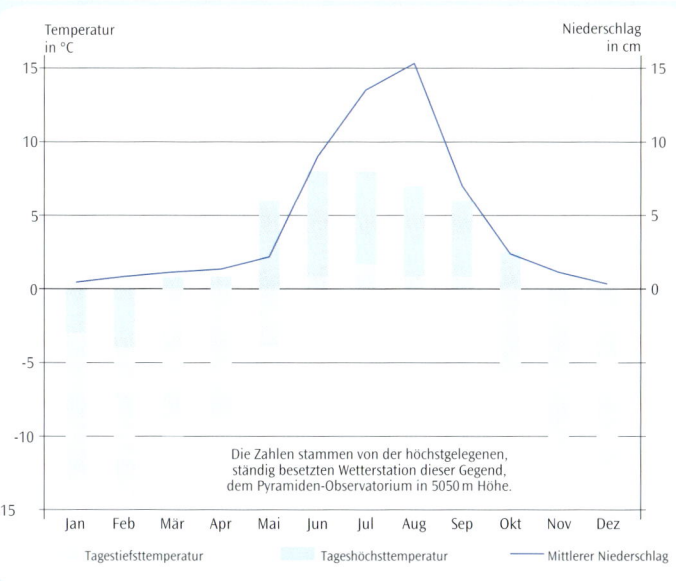

Temperatur in °C

Niederschlag in cm

Die Zahlen stammen von der höchstgelegenen, ständig besetzten Wetterstation dieser Gegend, dem Pyramiden-Observatorium in 5050 m Höhe.

Jan Feb Mär Apr Mai Jun Jul Aug Sep Okt Nov Dez

Tagestiefsttemperatur   Tageshöchsttemperatur   Mittlerer Niederschlag

Vorsicht, Schneestürme!
Der Mount Everest liegt im Einflussgebiet des Monsuns. Die ärgsten Schneestürme können während der Monsunzeit zwischen Juni und Oktober stattfinden. Die beste Zeit, um den Mount Everest zu besteigen, ist im April und Mai.

Die Sherpa
Dieser Volksstamm lebt auf der nepalesischen Seite des Everestgebiets. Traditionell sind sie Bauern und Viehzüchter, viele arbeiten aber zum Nebenerwerb als Bergführer und Träger. Dem Sherpa Tenzing Norgay und dem Neuseeländer Edmund Hillary gelang es 1953, als erste Menschen den Mount Everest bis zum Gipfel zu bezwingen.

Eindrücke aus den Felswänden

Weltraumaufnahme
Aus dem All sieht der Mount Everest wie eine dreiseitige Pyramide aus. Der Gipfel steht auf der Staatsgrenze zwischen China und Nepal. Die meisten Bergsteiger nehmen den Weg von Nepal aus über den Südostrücken.

Der Gipfelbereich
Stürme erzeugen am Gipfel des Mount Everest eine weithin sichtbare Eiskristallfahne. Gleichzeitig kommt es zur Anhäufung gefährlicher Schneewechten, die ohne Vorwarnung unter dem Gewicht eines Bergsteigers abbrechen können.

Khumbu-Eisbruch
Bergsteiger, die von Nepal aus den Mount Everest ersteigen wollen, müssen den Khumbu-Eisbruch durchqueren. Dieser schwierige Abschnitt des Khumbu-Gletschers ist ein Gewirr aus Spalten und Blöcken.

Täler und Vorberge
Am Fuß des Mount Everest durchfließen Wildflüsse tief eingeschnittene Täler. In den Vorbergen sind diese Täler mit dichten Wäldern bewachsen, in denen Wildtiere leben – im Gegensatz zum kargen Hochgebirge.

Leben am Limit

Der höchstgelegene Nationalpark der Erde ist der Sagarmatha-Nationalpark in Nepal. Kiefern und Hemlocktannen besiedeln die Gebirgswälder, in denen viele Vogel- und Schmetterlingsarten ihren Lebensraum haben. Größere Tiere wie etwa der seltene Schneeleopard, der Kleine Panda und der Kragenbär tragen meist dicke Pelze.

CHINA
MYANMAR (BIRMA)
BHUTAN
BANGLADESCH
NEPAL
Sagarmatha-Nationalpark
Ganges
INDIEN
Golf von Bengalen
Himalaja

▲ **Schneeleopard**
Diese scheue Hochgebirgskatze kann bis zu 9 m weit springen!

▲ **Schneegeier**
Der hungrige Aasfresser hält nach Kadavern Ausschau, dann schießt er hinab, um sich den Bauch vollzuschlagen.

▲ **Himalaja-Tahr**
Das dichte Unterfell und die kräftigen, trittsicheren Hufe sind ideal für diesen Lebensraum.

▲ **Birken-Rhododendron**
Dichte Bestände dieses Gebirgsbaums überziehen die Hänge, begleitet von Farnen und Moosen.

▲ **Schneetaube**
Ganze Schwärme dieser hier heimischen Tauben fliegen im Hochgebirge des Himalaja.

▲ **Bartgeier**
Mit seiner 3 m breiten Flügelspannweite kann er stundenlang in Aufwinden dahingleiten.

▲ **Tannen**
Sie haben Zapfen, die sich bei Kälte schließen und bei Wärme öffnen.

Kragenbär ▼
Diesem Einzelgänger mit seinen hervorragenden Sinnesorganen entgeht kein Leckerbissen.

▲ Himalaja-Hemlocktanne
Die große Tanne mit flachen Nadeln und kleinen Zapfen wächst in Feuchtgebieten.

▼ Indischer Muntjak
Zur Markierung seines Reviers reibt das Männchen die Duftdrüsen an seinem Kopf an Baumrinden.

▼ Wolf
Das Heulen der Wölfe soll vor anderen Rudeln warnen. Man kann sie 10 km weit hören.

► Feuerwiesel
Dieses lebhafte Wiesel lebt allein und jagt Kleinvögel und Nagetiere tags wie nachts.

▼ Glocken-Alpenrose
Die glockenförmigen Blumen sind Frühlingsblüher, ihre harten immergrünen Blätter sind giftig.

▼ Schleichkatzen
Diese Verwandten der Mangusten leben im Unterholz und fressen Kleintiere und Früchte.

▼ Himalaja-Wasserspitzmaus
Diese im Verborgenen lebende Wasserspitzmaus durchstöbert Wildbäche nach Insekten.

Ratte ▼
Auch hier sind Ratten weit verbreitet – dank ihrer hohen Geburtenrate und ihrer Überlebenskünste.

▼ Kleiner Panda
Er frisst täglich bis zur Hälfte seines Gewichts an Bambussprossen und Blättern.

Blutfasan ►
Der hübsche Blutfasan-Hahn will mit seinem prächtigen Gefieder den Hennen imponieren.

◄ Apollo-Falter
Der im Hochgebirge lebende Apollo-Falter besucht viele Gebirgsblumen, um Nektar zu saugen.

Anpassung an die Höhe

In den Höhen des Himalaja ist das Leben hart. Ohne spezielle Anpassung und Überlebensstrategie würden die meisten Tiere vor Hunger und Kälte eingehen. Für Aasfresser wie den Bartgeier sind die Berghänge das Hauptrevier, wo er ungestört von Menschen herumstreift und genügend Kadaver findet. Wie viele andere hier heimische Tiere ist er gegen das raue Klima gewappnet.

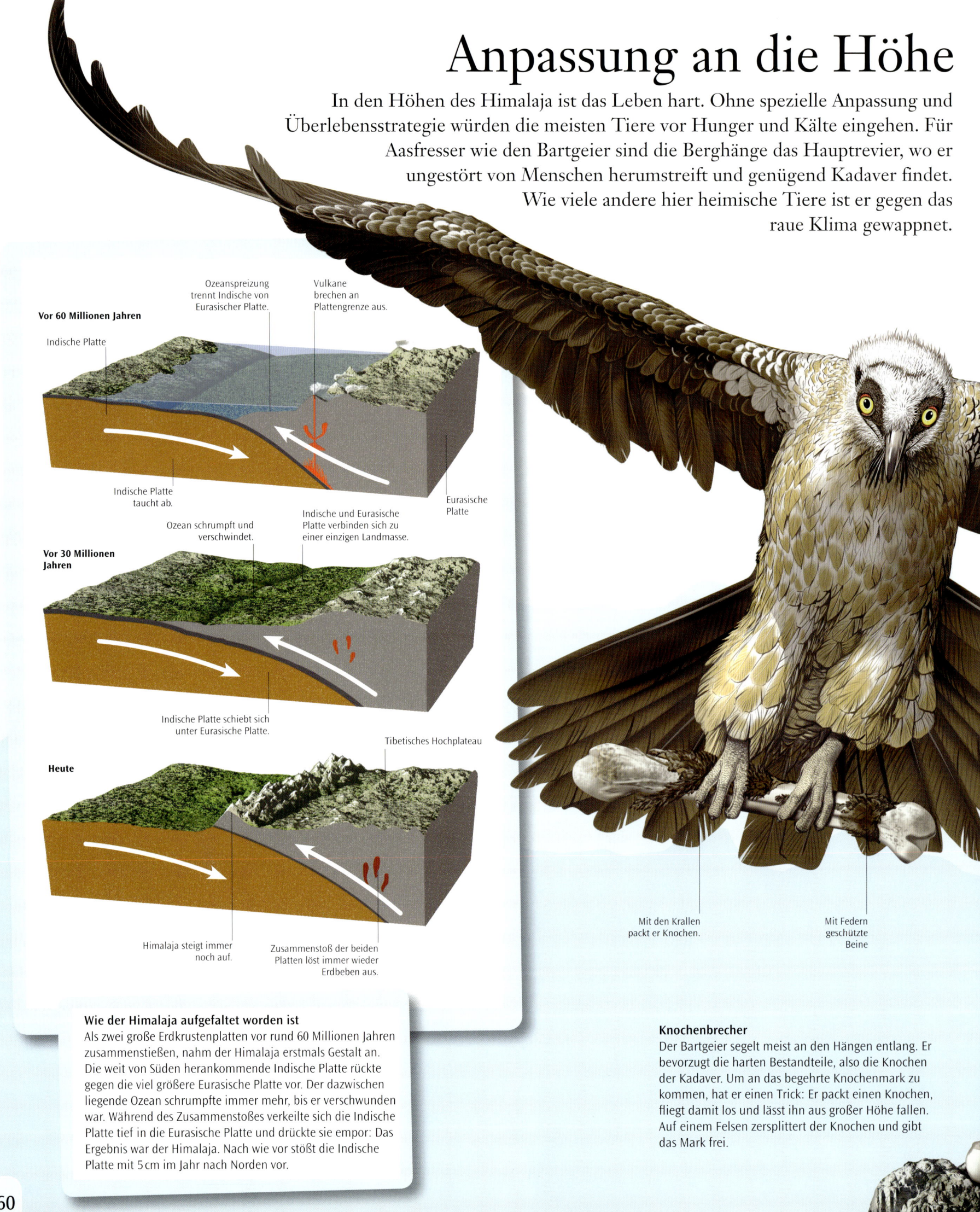

Ozeanspreizung trennt Indische von Eurasischer Platte.

Vulkane brechen an Plattengrenze aus.

Vor 60 Millionen Jahren

Indische Platte

Indische Platte taucht ab.

Eurasische Platte

Ozean schrumpft und verschwindet.

Indische und Eurasische Platte verbinden sich zu einer einzigen Landmasse.

Vor 30 Millionen Jahren

Indische Platte schiebt sich unter Eurasische Platte.

Tibetisches Hochplateau

Heute

Himalaja steigt immer noch auf.

Zusammenstoß der beiden Platten löst immer wieder Erdbeben aus.

Mit den Krallen packt er Knochen.

Mit Federn geschützte Beine

Wie der Himalaja aufgefaltet worden ist

Als zwei große Erdkrustenplatten vor rund 60 Millionen Jahren zusammenstießen, nahm der Himalaja erstmals Gestalt an. Die weit von Süden herankommende Indische Platte rückte gegen die viel größere Eurasische Platte vor. Der dazwischen liegende Ozean schrumpfte immer mehr, bis er verschwunden war. Während des Zusammenstoßes verkeilte sich die Indische Platte tief in die Eurasische Platte und drückte sie empor: Das Ergebnis war der Himalaja. Nach wie vor stößt die Indische Platte mit 5 cm im Jahr nach Norden vor.

Knochenbrecher

Der Bartgeier segelt meist an den Hängen entlang. Er bevorzugt die harten Bestandteile, also die Knochen der Kadaver. Um an das begehrte Knochenmark zu kommen, hat er einen Trick: Er packt einen Knochen, fliegt damit los und lässt ihn aus großer Höhe fallen. Auf einem Felsen zersplittert der Knochen und gibt das Mark frei.

Warme Füße

Der Schneeleopard lebt bis in Höhen von 6000 m – höher als jede andere Großkatze. Sein Fell ist dicht und lang, die helle Tarnfarbe erleichtert ihm das Anschleichen an die Beute im Schnee. Der überaus lange Schwanz und die pelzigen Tatzen wärmen ihn, wenn er sich zum Schlafen zusammenrollt.

Die gespreizten Schwingenfedern helfen beim Fliegen.

Anders als bei anderen Geiern ist sein Kopf mit wärmendem Gefieder bedeckt.

„Bartfedern" beiderseits des Schnabels

Geknackte Knochen geben das Mark frei.

Als Amboss dient immer derselbe Felsen.

Heuernte

Pfeifhasen gehören zur Familie der Hasen, obwohl sie eher wie große Mäuse aussehen. Sie leben in Felsspalten und sammeln Pflanzen, die sie wie Heu trocknen, um den Winter zu überstehen. Dabei sammeln sie oft mehr, als sie brauchen – für den Fall, dass der Winter länger oder härter ist als gewöhnlich.

Glossar

Anpassung
Formen- oder Verhaltensänderung, um in einer veränderten Umgebung zu überleben. Alle Lebewesen passen sich an neue Umweltbedingungen an, der Prozess kann aber Jahrtausende dauern.

Art
Einzigartige Erscheinungsform eines Lebewesens, die sie von allen anderen Formen unterscheidet.

Ausgestorben
Bezeichnung für Pflanzen- oder Tierarten, die in früheren Zeiten gelebt haben und heute verschwunden sind.

Barriereriff
Sehr langes Korallenriff, das von der Küste durch eine Lagune oder das offene Meer getrennt ist.

Beutetier
Ein Tier, das von einem Raubtier gefangen, getötet und verspeist wird. Viele Beutetiere sind Pflanzenfresser, manche allerdings sind selbst Raubtiere.

Brüten
Wärmen des Geleges (Eier) durch die Vogeleltern, bis die Jungen schlüpfen.

Canyon *siehe* **Schlucht**

Dehnungsspalte
Entsteht dort, wo Erdkrustenteile, begleitet von Erdbeben, auseinanderweichen. Bei weiterer Dehnung entwickelt sich ein Grabenbruch.

Duftdrüsen
Spezielle Organe von Tieren, die Flüssigkeiten mit einem starken Geruch verströmen. Tiere nutzen sie, um Partner anzulocken, Fressfeinde abzuschrecken oder das Revier zu markieren.

Eisberg
Großer Eisblock, der von einem Gletscher abgebrochen und ins Meer gedriftet ist.

Eisschild
Riesiger kuppenförmiger Eiskörper, der eine Landmasse komplett bedeckt.

Eisscholle
Großes tafelförmiges Stück Eis, das im Meer schwimmt. Anders als Eisberge bilden sich Eisschollen durch gefrierendes Meerwasser.

Erdkruste
Äußerste Schicht des Erdkörpers. Sie umfasst alle Kontinente sowie die Gesteine unterhalb des Ozeanbodens.

Erosion
Die natürliche Zerkleinerung von Gesteinen durch Gletscher, Wind, Wasser, Frost und Hitze.

Fjord
Tiefes, U-förmiges Tal an Felsküsten, das von Gletschern ausgeschürft und anschließend vom Meer überflutet worden ist.

Flechten
Pflanzenähnlicher Organismus, der auf Gesteinen oder Bäumen wächst. Flechten bilden eine Lebensgemeinschaft aus Pilzen und winzigen Algen.

Fleischfresser
Tiere, die andere Tiere fressen. Die meisten Fleischfresser sind Jäger, manche ernähren sich zusätzlich von Aas.

Fühler
Tastorgane eines Tiers. Insekten haben zwei Fühler, andere Tiere sogar vier.

Gefährdet
Bezeichnung für eine Pflanzen- oder Tierart, die vom Aussterben bedroht ist.

Gipfel
Der höchste Punkt eines Berges.

Gletscher
Ein großer Körper aus strömendem Eis, das sich aufgrund seines Eigengewichts abwärts bewegt.

Grabenbruch
Langes, tiefes Tal, das durch Auseinanderweichen zweier Erdkrustenteile entstanden ist.

Hotspot
Ein Ort, unter dem heiße Lava aus dem tiefen Erdinnern hochsteigt, z. B. unter Hawaii. Anders als Vulkane kann ein Hotspot über Millionen Jahre aktiv sein.

Immergrün
Bezeichnung für Pflanzen, die das ganze Jahr über Blätter tragen. Die meisten Bäume der tropischen Regenwälder sowie fast alle Nadelbäume (Ausnahme: Lärche) zählen dazu.

Inselberg
Großer Felsen aus vielen Gesteinsbrocken, der die umgebende Ebene überragt.

Kalkstein
Eine Gesteinsart, die häufig aus winzigen Schalen- oder Mineralbruchstücken besteht, die auf den Meeresboden abgesunken und allmählich fest geworden sind.

Kanal
Schmale Meerenge, häufig an inselreichen Küsten.

Kletterpflanzen
Pflanzen, die sich an einem stützenden Gegenstand (Baum, Zaun) emporwinden.

Kokon
Von Insekten oder Spinnen gesponnene Hülle aus Seide. Insektenraupen spinnen sich selbst in einen Kokon ein, wo sie zum Insekt heranreifen.

Korallen
Von kleinen Meerestieren, den Polypen, ausgeschiedene Kalkgehäuse, die sich in Jahrhunderten zu riesigen Korallenriffen auftürmen können.

Korallenbleiche
Folge der zunehmenden Meerwassererwärmung durch den Klimawandel: Die Korallen verlieren ihre prächtigen Farben und werden weiß.

Krater
Schüsselförmige Vertiefung, die entweder in einem Vulkangipfel aufgrund von vorausgegangenen Ausbrüchen entstand oder aufgrund eines Meteoriteneinschlags auf einem Planeten oder Mond.

Kronendach
Die oberste Ast- und Blätterschicht in einem tropischen Regenwald.

Larve
Flügelloses Jugendstadium von Insekten, dessen Gestalt sich beim Übergang zum Erwachsenenstadium ändert.

Lava
Geschmolzenes Gestein, das aus Vulkanen austritt. Fließt als Lavastrom die Hänge des Vulkans hinab.

Meerenge
Schmale Wasserstraße, Durchlass zwischen Küsten.

Minerale
Kristalline Festkörper, welche die Gesteine aufbauen.

Monsun
Niederschlagsreiche Jahreszeit in den Tropen mit täglichem Regen. Der Sommermonsun in Südasien kommt mit feuchten Winden vom Meer.

Naturschutz
Gesetzlicher Auftrag, bestimmte natürliche Lebensräume mitsamt ihren Pflanzen und Tieren zu schützen und zu erhalten. Dazu gehört auch die arterhaltende Züchtung besonders gefährdeter Tiere in Zoos.

Niederschlag
Wasserdampf kann sich als Nebel auf Oberflächen in Form von Wassertröpfchen zusammenballen.

Parasiten
Tiere, die in oder auf anderen Tieren, den Wirtstieren, leben, um sich mit Nahrung zu versorgen. Sie sind wesentlich kleiner als ihre Wirtstiere.

Plateau
Eine herausgehobene Ebene oder Hochebene.

Platte
Ein riesiges Stück Erdkruste. Die gesamte Erdoberfläche setzt sich aus Platten zusammen. Vulkanische Ströme im Erdinnern lassen alle Platten langsam wandern.

Quelle
Stelle, an der Grundwasser aus dem Boden austritt. An manchen Orten der Erde ist das Quellwasser heiß, weil es vom vulkanischen Untergrund erhitzt wird.

Raubtiere
Tiere, die andere Tiere fangen und töten, um sie zu fressen. Die meisten Raubtiere erwischen pro Fang ein Tier, andere wie Wale schlucken auf einmal tausende kleine Krillkrebse.

Raupe
Jugendstadium eines Insekts, ohne Flügel, oft auch ohne Beinchen. Verpuppt sich, um zum Insekt zu werden.

Regenwald
Ein Waldgebiet mit ganzjährig viel Regen. Die meisten Regenwälder wachsen in den Tropen, aber es gibt auch welche in gemäßigten Klimagebieten.

Riff
Felsenartiges Gebilde aus Korallenkalk entlang bestimmter Küsten nahe der Meeresoberfläche.

Sandstein
Gesteinsart aus kleinen Sandkörnern, die sich zu einem Hartgestein verfestigt haben.

Schelfeis
Küstennahe, geschlossene Gletscherfläche auf dem Meer.

Schiefer
Gesteinsart, die sich leicht in dünne Schichten aufspalten lässt und gerne für Dachplatten verwendet wird.

Schieferton
Gesteinsart, die aus winzigen Ton- oder Schlammteilchen besteht, die sich im Wasser abgesetzt haben. Wegen der Blättrigkeit dieser Teilchen fühlt sich Schieferton meist geschmeidig an.

Schlucht
Schmales, tief eingeschnittenes Tal mit Steilwänden aus weichen Gesteinen, das durch die Erosionskraft eines Flusses entstanden ist.

Sedimentgesteine
Gesteine, die aus Bruchstücken anderer Gesteine oder aus Ausscheidungen von Tieren bestehen. Die häufigsten Sedimentgesteine sind Sandstein, Tonstein und Kalkstein.

Seitenwinden
Besondere Art der Fortbewegung einiger Schlangenarten. Anstatt zu kriechen, „werfen" sie den Mittelteil ihres Körpers wie eine Schlinge seitlich vorwärts.

Spalte
Tiefer Riss in oder unter der Erdoberfläche.

Sporen
Winzige, sehr einfach gebaute Fortpflanzungsbehälter von Farnen, Moosen und Pilzen.

Staudamm
Natürliches oder künstliches Hindernis in einem Fluss, das ihn zu einem Stausee aufstaut. Künstliche Staudämme dienen der Wasserspeicherung, Bewässerung und Stromerzeugung.

Tarnung
Bestimmte Farben und Muster auf Haut oder Fell, die das Tier gegenüber seiner Umgebung möglichst wenig sichtbar machen.

Tierwanderungen
Lange Reisen, die von Tieren unternommen werden, um der kalten Jahreszeit auszuweichen. Am Zielort nutzen sie das warme Klima, um ihre Jungen großzuziehen.

Verwildert
Ein Haustier, das ausgerissen ist und anschließend in der Wildnis weiterlebt.

Register

Dank

Der Autor dankt Kim Dennis-Bryan für ihre wertvolle Hilfe als Beraterin, Marilou Prokopiou und Smiljka Surla für das Grafikdesign und ganz besonders Andrea Miller für das Lektorat und die Textbeiträge.

Der Verlag dankt Lynn Bresler für die Erstellung des Registers, Fran Vargo für die Bildrecherche sowie Paul Beebee und dem Team von Beehive Illustration.

Bildnachweis
Der Verlag dankt folgenden Personen und Institutionen für die freundliche Genehmigung zum Abdruck der Fotos:

(Abkürzungen: o = oben, u = unten, m = Mitte, l = links, r = rechts)

6 Corbis: Roger Ressmeyer (ml); Galen Rowell (ur); zefa/Werner H. Mueller (ul). 7 Photoshot: World Pictures/Rick Strange (u). 8 Getty Images: The Image Bank/Kerrick James (u). 8–9 SuperStock: Carmel Studios. 9 Corbis: Craig Lovell (ul); Marc Muench (mo); Ron Watts (ur). NOAA: Landsat (or). SuperStock: Dan Leffel (mu). 12 FLPA: Minden Pictures/Frans Lanting (u). 13 Alamy Images: William Leaman. 14 Bryan and Cherry Alexander Photography: (mu). Corbis: Galen Rowell (mo). FLPA: Minden Pictures (u). Getty Images: National Geographic/Maria Stenzel (o). 14–15 Bryan and Cherry Alexander Photography. 15 Corbis: Rick Price (m). Science Photo Library: Doug Allan (u). 18 Bryan and Cherry Alexander Photography: (r). 19 naturepl.com: Doug Allan (or). 20 Alamy Images: Jacques Jangoux (m); Sue Cunningham Photographic (u). 20–21 Altitude: Arthus-Bertrand

Yann. 21 Alamy Images: Edward Parker (u); Sue Cunningham Photographic (mo) (mu). Corbis: Sygma/Collart Herve (o). 26–27 Corbis: Bo Zaunders. 27 Alamy Images: blickwinkel (ul); David Robertson (mr). Corbis: Arthus-Bertrand Yann (ol); Sygma/Giry Daniel (ur). Still Pictures: Thomas Haetrich (ml). SuperStock: Yoshio Tomii (or). 31 Alamy Images: tbkmedia.de (um) (ur). 32 Corbis: Gabriela Staebler (mr). naturepl.com: Anup Shah (ur). Photoshot/ World Pictures: bild (ul). Science Photo Library: Bernhard Edmaier (ml). 32–33 Corbis: Nik Wheeler. 33 Alamy Images: Images of Africa Photobank (m). Getty Images: Stone/Christopher Arnesen (o). 36 Ardea: Tom & Pat Leeson (ul). 37 Alamy Images: Martin Harvey (m). Corbis: Joe McDonald (ur). 38 Alamy Images: Brian Lowry (ul). Photolibrary: Vince Cavataio (ur). 38–39 Photolibrary: Joe Carini. 39 Alamy Images: Photo Resource hawaii (mr). DK Images: (ml). Photolibrary: Joe Carini (or). Science Photo Library: NASA (ol). 43 Alamy Images: Douglas Peebles Photography (ur); Photo Source Hawaii/Jack Jeffrey (ml); Bill Waldman (o). Corbis: W. Wayne Lockwood (mr). FLPA: Minden Pictures

(mlu); Mandal Ranjit (ul). Forest & Kim Starr: (mru). naturepl.com: Rod Williams (mro). Photoshot/ NHPA: Stephen Dalton (mlo). 44 Corbis: Theo Allofs (ml). FLPA: Minden Pictures(r). Getty Images: Stone/ Martin Barraud (l). Photolibrary: Doug Perrine (mr). 44–45 Imagestate: Hoa-Qui/Emmanuel Valentin. 45 Image Quest 3-D: Carlos Villoch (or). PA Photos: AP/ Ove Hoegh-Guldberg (um). 50 Corbis: Peter Johnson (mr). Hemispheres Images: Franck Guizou (ml). naturepl.com: Ingo Arndt (ol). 50–51 Imagestate: Colin Mead. 51 Getty Images: Frans Lemmens (ul). Hemispheres Images: Patrick Frilet (ur). 54 FLPA: Minden Pictures (or). 55 Alamy Images: Arco Images (m). 56–57 Alamy Images: Craig Lovell. 57 Alamy Images: mediacolor's (mlu). Camera Press. Gamma/ Aalain Buu (or). Corbis: Galen Rowell (ol). NASA: (ul). naturepl.com: Leo & Mandy Dickinson (mru). Photolibrary: Colin Monteath (ur). 61 Ardea: Tom & Pat Leeson (ul). Photoshot/NHPA: Andy Rouse (o).

Coverillustration: László Veres

Alle anderen Abbildungen © Dorling Kindersley
Weitere Informationen unter: www.dkimages.com